JN116486

ウニベルシタス研究所叢書

粗にして野だが

― 大学職員奮闘記 ―

山 村 昌 次　著

飛翔舎

ウニベルシタス研究所叢書発刊にあたって

　ウニベルシタス研究所叢書は、日本の大学教育をよりよきものにしようと奮闘する教職員への応援歌です。

　いまは、18 歳人口の減少により大学に厳しい時代と言われ、経営難に直面している大学もあります。しかし、高等教育機関である大学には「日本の将来を支える人材を育成する」という重要な使命があります。この本質を理解し、大学の本来のミッションである教育、研究を大学運営の中心に据えれば、大学は評価され経営も安定するはずです。

　本叢書は、大学、そしてそれを支える皆さんに「がんばれ」のエールを送るとともに、大学運営や教職員の役割などについて経験豊富な執筆陣が Tips を語ります。本叢書が、大学が本来の使命を全うするための道標となれば幸いです。

ウニベルシタス研究所叢書編集委員会

大工原孝（ウニベルシタス研究所所長）

井上雅裕、高橋剛、寺尾謙、村上雅人、吉川倫子

2023 年　秋

ウニベルシタス研究所について

　2019年5月に設立された研究所です。ウニベルシタス universitas とは、宇宙、世界、組合という意味のラテン語であり、大学の語源となった言葉です。

　大学の原点は、学生の組合・教員の組合というウニベルシタスにあります。本研究所は、大学の原点に戻って、「教育の力」によって、「新しい価値の創造と発信」を目指すことを、中心に据えています。

　教育の力は絶大です。ダイバーシテイに基づく寛容な考え方や、知の継承は人類の所産であり、VUCA の時代において教育機関の重要性は大きくなっています。

　自由な立場に立つウニベルシタス研究所は、日本の高等教育に対する提言を行うとともに、日本の大学を取り巻く経済・政治・社会・文化・技術等の経営環境を調査検証しながら、研究成果を国内外に発信することを目的としています。

参照「ウニベルシタス研究所・開所趣意書」
https://universitas.themedia.jp/

ウニベルシタス研究所

目　　次

プロローグ
― 終活の始まり ―

　令和 4 (2022) 年 11 月、ウニベルシタス研究所の大工原孝所長から、本書の執筆依頼をいただいた。私に論考、論文の如き高尚なものは書けるはずもなく、即刻お断りすべきと考えた。

　かつて、平成 23 (2011) 年 9 月に大学行政管理学会（以下「学会」という。）の第 9 期会長に就任予定の大工原氏から要請をいただいた件があった。しかし、私が勤務していた福岡大学からの支援が受けられそうになかったこともあり、要請にお応えすることができなかった。ならば、ここは名誉挽回する好機かと思い、無謀にもお引き受けすることにした。

　古希近くになれば、「終活」に励むつもりは無くても、長年溜め込んでしまった衣類や本などの処理、パソコンやスマートフォンに保存したままになっている写真や動画の整理、田舎の老朽化した実家の始末など、身辺の整理や断捨離をしなければという焦りや、うまくいかない苛立ちも起こってくるようである。私は、これは自らの来し方を振り返るよい機会をいただいたのだと考

えた。もちろん浅学菲才の私には簡単でないことは明らかであったが、決断したのは、これまで私が見たこと、聞いたこと、考えたこと、そしてやってきたことなら、どうにか書けるだろう、という安易な思いもあったからである。

　一人の大学職員がなにゆえ奮闘し、なにを成すに至ったのか。研究所からの依頼を契機に取り掛かってはみたものの、当然のことながら、やはりそう簡単ではなかった。私の作業を妨げるものもあった。退職後にハマってしまった中国・韓国の歴史ドラマの視聴である。これに多くの時間を割かれていた。取り急ぎ 3 本の録画予約を解除して決別した。これで渾身の力を込め、楽しみながら執筆作業に取り組むことができるようになった。ただ、それがために、いささか筆が走り過ぎてしまったのではないかと、反省しきりである。

　こうして取り組んできた本書であるが、作業を進めながら、これまでの人生を総括し書き下ろすことは、まさに私の「終活」の始まりそのものであることに気が付いた。

　本書をお読みいただける方々には、学術論文の類ではないことを承知のうえで、読み進めていただければ幸甚である。

［おことわり］

　著者はすでに福岡大学を退職し、現在同大学に身を置く者ではないが、大学入学以来 40 数年を一貫して福岡大学で送ってきたため、文中では「福岡大学」を「本学」と表記させていただいている。読者には奇異に感じられるかもしれないが、ご理解とご了承をお願いする次第である。

第 1 章　誕生・幼少期

─ 血は争えぬ ─

<0 歳～12 歳 >

（昭和 29 年 4 月～昭和 42 年 3 月）

1.1　三つ子の魂

　昭和 29 (1954) 年 4 月、筑後と肥後のハーフとして、福岡県大牟田市青葉町で生を受けた。青葉町その全てが大手企業の社員住宅であり、町内には多くの二軒長屋と 2 棟のアパート、そして戸建ての職員住宅があった。社宅は電気、ガス、水道はすべて会社持ちであった。

　中でも私が生まれ育った 4 階建てのアパートは、鉄筋コンクリート造りとしては、福岡県で 2 番目に建設されたものであることが、小学校社会科の副読本『わたしたちの大牟田』に写真入りで紹介されていた。そのアパートには、当時ではまだめずらしい水洗トイレが設備されていた。

　同い年に生まれた向かいに住んでいた "ひさゆき" ちゃんは、父親の出世に伴い、小学校の 6 年間に町内を 2 回も引っ越し、最

後には、風呂や電話も付いた庭付き一戸建てに住んだ。同じ町内に住む友だちの父親は、労働組合から出馬した市議会議員でもあった。これぞ「企業城下町」大牟田である。

　幼稚園に上がる前のこと、母から「じゅったんぼの、でけとった、あそこん畑ん大根ば、いっぴゃー引き抜いたつは、あんたね。どんこんできんたい、そぎゃんこつしたら、ふてーめにあうばい。」（＜雨で＞ぬかるみが、できていた、あそこの畑の大根を、たくさん引き抜いたのは、あなたね。どうにもこうにできないね。そんなことをしたら、ひどい目にあうよ＝熊本弁）と、叱られたことがあった。ご近所さんからの通報である。「いらっしゃい、いらっしゃい、大きな大根があるよ。」近所の子たちを集め、他人様が作った大根を引っこ抜かせた首謀者は、紛れもなく私であった。

　思えばこの頃には既にリーダーシップを発揮していたと言えそうである。しかしそれは、ほかの子に比べ元気がよく、遊びが上手で、女の子や年下の子の面倒見が良いといった程度に過ぎなかったのかもしれない。

1.2　気の利いた?小学生

　確かに幼いころから、遊びの「天才」であった。写真パチ（パッチ）、らんめんたん（ラムネの玉＝ビー玉）、こま回し、ケン玉、ろくもじ（ハンドベースボール似）、ブーメラン、何をやっても抜きん出ていた。あやとりだってこなすし、リリアンだって編め

た。ただ、竹馬には乗れずじまいで、縄跳びの二重跳びもできな
かったので、やはり運動神経は鈍かったようだ。

　そんな天才児を心配してか、近所のおばさんからは、「"まさじ"
ちゃんも勉強させたほうが良いよ。」とのアドバイスがあったらし
い。小学校を卒業すると、町内の幾人かがラ・サールや久留米附設
の門をくぐっていた。

　近所のおばさんのアドバイスに従ったわけではないが、小学校
入学後に習い事をはじめた。しかし、そろばん教室は 1 日で辞め
た。別室でパチパチ音がする中、ずうっと 0 から 9 までの数字を
書かされ、ベルが鳴ってもそろばんには触らせてもらえなかった。
幼心にもプライドが許さなかった。

　一方、書道教室には 6 年間通った。父はほかの子が使うものよ
りも倍くらい大きな硯を買ってくれ、母は揮毫会のたびに墨を磨
っては、瓶に入れて持たせてくれた。書道教室では、3 年生くら
いになると、幾人かの年長者を差し置いて、初めと終わりの号令
をかける大役をもらった。小学校では私の右に出る者はいなかっ
た。もし居たとしても、それは多分、勉強もできた K 子しか居な
かったはずだ。

　中学生になる前に、「6 年間お世話になり、ありがとうござい
ました」と、書道教室の先生に挨拶をして勝手にやめてきた。そ
れを知った母は、続けさせるつもりでいたらしく相当に慌ててい
た。気が利きすぎて間が抜けているのも、生来の性格のようだ。

1.3　家族の DNA

　深夜、ドーンという大きな音で目を覚ました。寝床の枕元に大きな足踏みミシンが倒れていた。寒い冬の夜であった。外では大勢の大人たちが大騒ぎしている。ベランダ側に目をやると、窓ガラスが散乱し、分厚く太い枠木も無残に折れている。寡黙な父は、「会社でなんかあっとる。」とだけ言って、取るものとりあえずすぐさま会社に向かった。

　その日もそして次の日も、父は帰ってこなかった。夕刻には、割れたガラス窓を塞ぐべく、会社からビニールや板切れが配給され、方々でノコギリや釘を打つ音が聞こえてきた。兄の 元 は既に大学生で、家を離れていたので、母とふたりでなんとかするしかなかった。この時の事故は、父が務める会社のガスタンクの爆発であったが、その被害の大きさと爆風の凄さを思い知った。

　ようやく父が帰宅した。「他所のご主人さんは早う帰って来て、いろいろしておらすとに・・・」と、母が不服を言うと、「俺がおらんで、誰が指揮するとやぁ！」の一言。山村家の DNA は、間違いなく、私と倅の啓に引き継がれている。

　父とは、よく 小 岱 山（九州百名山=標高 501m）に登った。家には登山靴だけでなく、ピッケルやザイルもあり、夏休みになると阿蘇、九重、霧島などへキャンプに連れて行ってくれた。父は、荒尾の自宅を麻雀会場に提供したことはあったが、自分は麻雀もパチンコもやらない、まったくの仕事人間であった。

　会社の山岳部に所属していた父の話によると、昭和 23(1948) 年に福岡で開催された『第 3 回国民体育大会』に出場した時、乗っていた福岡市の天神を走る路面電車が脱線したため、みんなで持ち上げて線路に戻したことがあったと言う。

　兄は、父の元次から一文字を取って"元"、ゆえに私は"昌次"である。昭和 51 (1976) 年、佐賀県で開催の『若楠国体』の折、当時の皇太子殿下・同妃殿下（現、上皇・上皇后）が、県立大和養護学校（現大和特別支援学校）を訪問、その折に参観された授業を担当したのが兄であった。山村家の数少ない栄誉である。

コラム ① 　出生の地大牟田

　日本のカルタ発祥の地とも言われている大牟田市は、私が暮らしていた当時の人口は 20 万人を超えていたが、現在では 11 万人ほどとなってしまった。

　平成 27 (2015) 年に『明治日本の産業革命遺産』として、世界遺産登録された三池炭鉱宮原坑は当時の自宅近くにあり、三池港に続く炭鉱電車の線路を見下ろす黒橋は小学校への通学路であった。大牟田市に荒尾市の飛び地があることなどはあまり知られていないが、何でも江戸時代、肥後藩が三池藩に灌漑用水を分け与えた返礼として飛び地を贈ったとされている。

　ちなみに、早稲田大学の副総長を務めウニベルシタス研究所顧問の村上義紀先輩と前日銀総裁の黒田東彦氏も出身地は炭都大牟田である。

第 2 章　中学校時代
― 恩師の教え ―

<12 歳〜15 歳 >

（昭和 42 年 4 月〜昭和 45 年 3 月）

2.1　マンガ本そしてテレビとの決別

　中学に入学する前に、ふとした思いつきから生活を一変させた。それまで読み漁っていた『少年サンデー』、『少年マガジン』、『少年キング』、『少年』、『冒険』、『冒険王』に別れを告げたのだった。これからは中学生になるんだ、マンガ本なんか絶対読まないぞ、と訳の分からぬ決心。爾来今日に至るまでマンガ本を手にしたことはない。

　ある日、文庫本を手に小説を読んでいると、母方の叔父が「これはお前には、まだ早い。」と、取り上げて愉しそうに読んでいた。学生時代、サラリーマンがマンガ本を読む姿は嫌いだったし、喫茶店で互いに話もせずマンガ本を読む姿も許せなかった。

　その後、自宅のテレビが故障して映らなくなった。父が「テレビがいるか。」と訊くので、「別にいらない。」と答えた。テレ

ビがない分、本を読んだりラジオを聴いたりした。高校、大学を
経て結婚するまでの 10 年余り、ほぼテレビを見ることはなかっ
たが、何一つ不自由なことはなかった。

2.2　転校生

　中学 1 年の 3 学期、社宅を引っ越すことになり、長髪が許され
ていた大牟田市の中学校から、県境を越えてイガグリ頭の荒尾第
四中学校に転校した。1 週間ほどして、覚悟を決め五分刈りにし
た。転校後の不慣れな学校生活への不安は、まったくの杞憂に終
わった。大牟田の生徒にはない温かみや人なつっこさが手伝い、
幾日も経たぬうちに片山裕基ほか、たくさんの生徒が友だちにな
ってくれた。
　周囲を見回すと、ほとんどの生徒が部活動に入っていると言う
ではないか。いくつかの誘いの中からテニス部（軟式）に入るこ
とにした。部活は盛んではあったが、各学年 4 クラスと生徒数が
少ないためか、市の中体連で優勝が狙えるのは卓球部だけだと言
われていた。
　それもそのはず、卒業生には「1967 年世界卓球選手権（ストッ
クホルム）」の女子シングルス、同ダブルス、団体のゴールドメ
ダリストである森沢幸子がいる。しかしそんな中、私が三年生の
時に、唯一団体優勝を勝ち取ったのは卓球部ではなく、何を隠そ
う村上了三と組んで私も出場したテニス部にほかならなかった。

2.3　グループ学習

　荒尾第四中学では、やや特殊だが、授業に限らず全てにおいて
グループ学習をおこなっていた。前田洋一先生（故人）や西村誠
先生が中心となって、このグループ学習を推進していただいたも
のと承知している。6 人ほどで机を寄せ合い、そのうち 4 人は互
いに顔を合わせることから、全員が前を向いて授業を受けること
はなかった。

　始業時と終業時には、1 か月間歌う曲と 1 週間歌う曲をみんな
で決めて歌った。当時は「るーるーるるるー」とスキャットした
由紀さおりや、ピンキーとキラーズが幅を効かせていた。

　学級活動は活発な時間であった。各グループの発表者は輪番制
で、グループ仲間からの助言も許されていた。そうすることによ
って、授業時間内外で自然に勉強を教えあう環境が整っていたの
である。私を含むプログラム委員（選抜された生徒 5 人ほど）が
事前に相談し、先生の許可を得て次週の学活のテーマを決め、当
日は議長や書記を担当した。残る生徒は活発な議論展開を推進す
べく、フロアから意見や疑問を敢えてぶつける役回りをこなすの
である。

　しかし、学活終了後の先生方の評価は、途轍もなく厳しいもの
であった。会の進行で躓いたり、方向性を見失ったりすれば、テ
ストの不出来以上にこっぴどく叱られた。大学のゼミでおこなう
ディベートにも似たところがあり、この経験が自己の成長にどれ

だけ役に立ったのか計り知れない。

　当時の中学生も"進学と将来"、"友人・友情"、"クラブ活動"、"恋愛・異性との付き合い方"など、興味を持つテーマは枚挙にいとまはなかった。浮上してきたテーマのひとつが「男女交際を考える」であったが、その前に、まずは「男女交際をやってみよう。」と私が提案し、担任の前田先生の了承を取り付けた。希望する相手を指名し相手が応じた4組以外は"くじ"で相手を決め、20数組の中学生カップルが校庭に隣接した野原八幡宮（八幡宮風流＝ユネスコ無形文化遺産）で、中学生らしい公認の健全なデートを楽しんだ。それも授業中に、である。大きな心で見守ってくださった先生方に感謝せずにはいられない。

2.4　「生活ノート」の申し子

　中学校時代に使った1対1で教師と生徒をつなぐ「生活ノート」には、「目標—計画—準備—実行—評価—反省」と、筋道が示されており、今では使い古された感さえする PDCA であるが、まさに "Plan-Do-Check-Action" そのものである。

　福岡市近郊に在住するその時の同級生木下正文は、卒業後50数年が過ぎた今でも「生活ノート」を書く習慣が続いていると言う。高校に入学した年は、中学校まで行って「生活ノート」を分けてもらい、それ以降は大学ノートを使って「生活ノート」同様に書き続けていると言う。今でも、日記のように続けて毎年1冊、既

に 50 冊くらいがベッド下の収納に収まっていると言うからすご
い。

　吉川末男らとサッカー部を立ち上げた時の木下の「生活ノート」
には、「どうしてサッカー部に、はいったのですか？」「はいっ
たのではなく、ぼく達が作ったのです。なぜ作ったかと言うと、
やはりサッカーに興味を持ち、サッカーをしたかったからであり
ます！！」「ハアー、どうも・・・」「わかりゃ、いいんだ。」
「何をぬかすか！」と、西村先生と木下少年とのやり取りが、そ
のまま記されている。

　時々、読み返し文字を追っていると新しい発見があるらしい。
ならば、私もやってみるか。いやいや日記など、3 日と続いたこ
とはないではないか。先生方の教えは、生徒自身で考え、やって
みて、検証する、"自主性"にこそあったのではないか。現在の
自己の"源流"がそこにあると木下は言う。まったく同感である。

2.5　革命家・宮崎滔天

　「生活ノート」の木下とは、福岡大学に入職して間もない頃、
入学式か卒業式の日に偶然大学のキャンパス内で再会した。福岡
大学を紹介するプロモーションビデオを制作すべく、クルーと連
れ立って学内を動き回っていたことを思い出す。

　ある時、本学人文学部の星乃治彦教授（のちに副学長）から、
荒尾市と福岡大学の福岡・東アジア・地域共生研究所とがコラボ

した映像制作に、木下がプロデューサーとして参画したことを聞いた。明治 44 (1911) 年に起きた中国・辛亥革命 100 周年を記念して作成した映像作品『近代荒尾の散歩道』で、孫文を支えた荒尾出身の革命家・宮崎滔天兄弟を取り上げたものだと言う。宮崎兄弟の生家・資料館が荒尾市にある。柳原白蓮との恋に生きた宮崎龍介は滔天の長男である。

2.6　ミニ同窓会

　時が過ぎ、平成 30 (2018) 年 7 月 15 日、西村先生を博多山笠〔平成 28 (2016) 年 12 月 1 日ユネスコ無形文化遺産に登録〕の桟敷席にお招きできたことが、私には何よりも嬉しい思い出となっている。その前夜に、福岡市および近郊在住の卒業生 5 人が、先生を囲んで久しぶりに再会、昔話に花が咲いた。メンバーの中には、当時とても近づけなかった学校中のマドンナ、西川朝子がいる。

　以後、時折ではあるがミニ同窓会を開催している。令和 4 (2022) 年 11 月には「1970 荒尾第四中学校 in ふくおか」と題し、福岡メンバーの主催で荒尾市や大牟田市、さらには関西地区からの参加者も迎えて開催した。櫛田神社、はかた町家、聖福寺、東長寺、承天寺など旧博多市街を散策、イルミネーションで華やぐ JR 博多駅前広場を経て、懇親会会場の西中洲へ。参加を断念せざるを得なかった西村先生からいただいた心温まるメッセージに、披露

した私の声は、次第にむせび声に変っていった。

　翌日は、海の中道、志賀島、百道浜の福岡タワーやマリゾンを散策後、行列ができる長浜ラーメンを味わってもらい、西鉄福岡駅で見送り 2 日間の日程を終えた。吉川が撮りまくった写真と木下の撮影したビデオで、その道のプロである木下が DVD を作成してくれた。見事な出来栄えには、驚嘆と感謝しかない。山村家家宝のひとつとなった。

コラム ②　花鳥風月

　西村先生は、令和 5 (2023) 年 6 月現在 86 歳とご高齢にも関わらず、花鳥風月を愛し、日常や自然を織りなす様々な光景を紹介するご自身のブログ「花鳥風月…気ままな写真日記」を開設され、令和 4 (2022) 年 9 月、開設 17 年目に突入されている。

　主に「ラムサール条約湿地」「荒尾干潟の数種の渡り鳥たち」を写真で紹介されており、市の広報はもとより、新聞各紙に取材・掲載されるなど、圧倒されるご活躍である。

第3章　高等学校時代
― いたずらで多感な日々 ―

<15 歳～18 歳 >

（昭和 45 年 4 月～昭和 48 年 3 月）

3.1　少年たちの大冒険

　高校に入学した年の夏休み、担任の先生の許可を得て、高校が異なる中学校の同級生吉丸祐幸と大阪の万国博覧会（EXPO' 70）に出かけた。「人類の進歩と調和」をテーマに掲げ、77 か国が参加したあの「太陽の塔」の万博である。

　大阪に着いたものの、大阪駅と梅田駅との関係が理解できなかった。地下から地上に出ると目の前の摩天楼のビル群に 慄 いた。地下鉄もユースホステルも初めてだった。ユースでは獨協大学の学生ふたりと同室だった。

　いくつものパビリオンを見て回った。アポロ 12 号が持ち帰った "月の石"のアメリカ館はあまりの長蛇の列に断念せざるを得なかったが、それでもソ連館は 3 時間ほど行列に並んで入館した。

　大阪での 2 日間の日程を終え、もう一つの目的地である犬山市の明治村に向かった。

　バスを降りると、ふたりの女子高校生が待っていた。愛知県小牧市に住む、私と吉丸それぞれのペンフレンドである。当時の学習雑誌、学習研究社の『中学二年コース』か、旺文社の『中二時代』、どちらかのペンフレンド募集のコーナーに掲載されていたひとりの子に的を絞り、私がプロフィールと志望動機を書いて応募したのがきっかけであった。なんと、その子が日本中の中学 2 年生から私を選んでくれたのだからすごい話だ。その後、私たちの紹介で双方の友人同士もペンフレンドになっていた。明治村の園内を案内してもらいながら、慣れない会話ながらも話が弾んだ。私たちふたりの手紙のやり取りは、私が大学、相手が看護専門学校に入学した頃まで 5 年間ほど続いた。

　小牧のペンフレンドに別れを告げて名古屋に向かい、幼い頃から弟のように可愛がってくれた"裕見子ねえちゃん"が住む鬼丸家に二晩ほどお世話になり、名古屋から夜行に乗って帰途についた。

　途中の大阪駅では、窓から乗り込む乗客や泣き叫ぶ子供らの声に驚き、立錐の余地もない盆の帰省列車の混雑の中、出入り口付近に身をすくめたまま朝を迎えた。

　少年たちにとって大冒険の夏だった。

3.2 女神に繋がる二つのカード

　高校でもテニス部に所属した。2年生になると、低迷する学業成績に、母は部活をやめろときかなかった。であれば、やめるしかなかったが、部活をやめても成績が上がらないことを証明して、1年も経たずにテニス部に復帰した。

　高校生くらいになると、あこがれる異性のひとりやふたりはいる。御多分に洩れず、私にも眩しいばかりの女神がいた。クラスや部活が一緒だったのならいざ知らず、何ら接点のない女神に、自分の気持ちをどのように伝えるか、これは簡単な話ではなかった。

　だが、突然アイデアが浮かんだ。女神が学校の図書室を利用しているのを知った私は、中学校で転校して間もない時に最初に友達になってくれた親友の片山を誘い図書室に向かった。

　本の裏表紙の内側にはポケットがあり、借りた人の名前と日付を書いた図書カードが入っている。そう、女神の名前が書かれている図書カードを、1冊1冊探すことにしたのである。1時間近くが過ぎただろうか、片山が見つけてくれたものか、私自身が引き当てたものか記憶にはないが、女神の名が書かれた図書カードを見つけたのである。

　忘れもしない、イザヤベンダサンの『日本人とユダヤ人』を女神は読んでいたのだ。いつの日か、女神と話せる時が来た時、きっと役立つに違いない。そんな熱い思いで読書する私がいたこと

を女神が知るはずはなかった。

　3年生の秋、体育祭の出場種目決めにクラスの体育委員が走り回っていた。「山村は何にする？」と、体育委員。

　「おれ、借り物競争。」

　「それはもう決まっとる。」

　「借り物競争。それしか走らん。とにかく頼む。」

　何十回目かの"一生のお願い"をした。

　体育祭が始まり、借り物競争が巡ってきた。よーい、ドン。急いで借り物が指定されたカードを取りに行く。何が書かれているか。そんなことは、どうでも良かった。

　「3年○組の○○K子さーん。」応援席に向かって大声で女神の名を叫ぶ。何も知らない女神が応援席から降りて来る。女神の手を握り、ふたりしてゴールを駆け抜けた。これが青春だ。

─ コラム ③　附属若葉高等学校体育祭 ─

　後年、附属若葉高等学校の体育祭に出席したが、翌年の競技種目に借り物競争が加わっていた。私の昔話を聞いた保健体育科の池田憲二教諭（現教頭）の仕業に違いなかった。来賓席まで呼びに来た女子高校生と手をつなぎ仲良くゴールした。ほんの3、4歳だが、間違いなく若返った。

3.3 学級日誌と卒業写真

高校 1 年生の担任は地理の H 先生。ナホトカからシベリア鉄道に乗って旅行した写真をスライドにして、授業で楽しそうに話してくれた。

2 年生の担任は西洋史の S 先生。「きのうは 270 点出した。」とか言って、ボウリングの話ばかりしていた。教師をやめてプロボウラーになりたいと言う。40 歳は越えていただろうし、たしか妻子持ちであった。私が期待する教師像とはかけ離れていた。

3 年次生の担任は、なぜか今度も社会科で、日本史の堀守雄先生（故人）であった。朴訥な語り口がとても耳にやさしく、クラス内の話し合いのために授業を割いてもらったこともあった。郷土史家として、『荒尾市史』の編纂にも携わられ、「肥後藩荒尾手永原万田村『田次郎丸』の祭祀と構成」などの論文もある。

私の楽しみは、40 日くらいに 1 回廻ってくる「学級日誌」であった。あたりまえなのかもしれないが、書かれた内容のほとんどは味気なく面白味がなかった。

「特になし。」何もないことはないだろう。何だっていいじゃないか。本を読んで、あるいは映画を見て感じたことなど。私は何でもアリだった。順番が廻ってくるたびに、自由気ままに、どうでもいいことを根拠なく、何かに突き動かされるように一生懸命真剣に書きまくった。既定の枠内だけでは飽き足らず、ページの隅々まで。

　卒業式当日、堀先生は何も言わず一冊しかない「学級日誌」を私にくださった。生徒のこころが分かる卓越した教師に違いなかった。

　多感な"思春期・青年期"、いたずら心は止むことを知らなかった。ついには「卒業アルバム」のクラス集合写真を、後ろ向きで撮ることを提案した。クラス委員として信頼を得ていたためか、特に反対はなかった。「私は誰でしょう？」のコメント付きで、全員が後ろを向いて立っている。

　「後ろ向きでも、絶対忘れらるるこつは無か。」そう言った私の後ろ姿を、みんなは覚えてくれているだろうか。

第 4 章　福岡大学生　①

― すべてが学び ―

<18 歳～22 歳 >

(昭和 48 年 4 月～昭和 52 年 3 月)

4.1　書道部入部と人材養成機関

　昭和 48 (1973) 年 4 月、福岡大学経済学部に入学した。入学と同時に学術文化部会書道部に入部した。兄の元が小学校の教師になっていることから、私が教員になることを父母は望んでいたが、教職課程の説明会に出席するも、授業が大変そうなので、あっさりと断念。その結果、書道部にどっぷりハマった 4 年間を過ごすことになった。

　小学校時代 6 年間の“経験と実績”を頼りに書道部に入部したが、高校で書道部に在籍していた者も多く、当初は“私の右に出る者”がほとんどだった。何よりもまずお習字から書道への脱皮を図る必要があった。

　書道部では、1 週間のうち、月・水・金が練習日にあてられていた。金曜日は殿村藍田に師事した書道部講師、赤木石埓先生の

指導を仰いだ。

　古典の臨書や『藍田書例』を軸に創作をおこない、学術文化発表週間、七隈祭（学園祭）、福岡学生書道連盟展などに作品を出品した。部内の六朝研究会にも所属し、六朝時代の楷書を中心に代表的な造像記である『北魏龍門二十品』などをよく臨書した。

　実は、六朝研究会が担っていた重要な役割は、80人ほどの部員の中で中心となってリーダーシップを執る人材の育成にあった。会員は会長の第14代幹事の地頭薗裕孝先輩と、第15代幹事の押越和則先輩（故人）の"薩摩隼人"ふたりと、後に第16代を務めることになる"肥後もっこす"のたった3人だけ。少数精鋭の非公式な人材養成機関であった。

　ただ、大仰に人材養成機関といっても、リーダーシップを発揮するために何か特別なことをしたわけではなかった。この限られたメンバーが六朝の書に向き合って研鑽していることは、福岡大学書道部の発展に寄与すべく高い志をもって書道部の中心（幹事）となって努力するメンバーであることを互いに確認することであり、すなわち、お前もその一人として加われ、との温かくも厳しい下知が私に下ったのである。

　私の雅号"松峰"は押越（和峰）先輩が名付けてくれたものだ。

┌─ コラム ④　アイビールック ─────────────┐

　入学後、先輩たちの影響でアイビールックに変身した。VAN をこ
よなく愛し『MEN'S CLUB』は愛読書となった。ポロシャツと綿パン
にコインシューズのカジュアルなスタイルは大学キャンパスによく
馴染んだ。

　社会人となってからも、ボタンダウンのシャツを愛用し、ネクタ
イはレジメンタルストライプにこだわり、三つボタンのスーツとリ
ーガルシューズは定番となった。

└──────────────────────────────┘

4.2　"弥生ちゃん"と"F"の挫折

　私は大学から歩いて 20 分ほどの北片江にある新築の「弥生荘」
に荒川泰治ら 13 人と入寮し、書道部の山本登先輩が間借りする
六本松に移り住むまでの 2 年間お世話になった。

　四畳半の個室には布団一組とファンシーケース、机を兼ねたコ
タツにはコーヒーカップと慣れ親しんだ大きな硯、本棚の 1 番下
には目覚まし付きのラジオを置いた。

　若奥さんの俊子さんが食事の準備や掃除の最中 "おんぶ" し
ていた子が "弥生ちゃん" だった。

　寮生の多くが、ギターを手に陽水や拓郎を弾き語る中、私も負
けじとギターコードに挑戦したが、難関の "F" で躓いた。6 弦を

押さえない裏技があることも教わったが、正統派にこだわるあまり、これを認めない私は「"F"の挫折」と宣言し、早々にシンガーソングライターの道を断念した。

　時が過ぎ、ちょうど卒業して30年が経った時、荒川が中心となって寮の同窓会を開催しようということになった。当日は、なつかしくも様変わりした大学キャンパスを私が案内し、通いなれた通用門をとおり弥生荘まで同窓生みんなで歩いた。お世話になった寮主と寮母の仏壇に手を合わせ、当時の"若奥さん"と大人の女性に変身した"弥生ちゃん"に再会することができた。

　その後、椎葉円がアルバイトしていたという「しば寿司」で、後輩を含め10数人が昔話に花が咲かせた。

4.3　こんなことがあるんだね。"赤頭巾ちゃん"

　1年次生の6月、学術文化発表週間恒例の講演会に、庄司薫が来学した。831番教室（1,000人ほど収容）での講演を聴いて部室に戻った。私は居合わせた地頭薗先輩に、芥川賞を取った『赤頭巾ちゃん気をつけて』はもちろんのこと、処女作の『喪失』から、これまで出されたすべてを読みつくしている大ファンであることを話した。

　すると突然、先輩は「ここに待っとけ。」と言って部室を出ていった。ところが「法帖か何かあるか。」と、すぐに戻ってきた。ちょうど持参していた二玄社の『九成宮』か『蘭亭序』だったと

思うが、法帖を渡すと、「書道部の学生だから小筆を持って来て欲しいらしい。」と言って、部室から硯と墨、そして小筆を一緒にもって再び出て行った。

なんと、帰ってきた法帖の末尾の見返しには、丁寧でやさしい、しかもしっかりと「庄司薫」の文字が。感謝、感激、雨、霰とは、正しくこのことだ。

地頭薗先輩とは、年賀状のやり取りだけでずいぶん会っていない。鹿児島まで会いに行きたくなった。

ちなみに、"庄司薫のサイン付法帖"は、ほろ苦い思い出とともに私の手元から離れていった。今となっては、さて、どちらの法帖だったものか・・・、もちろん返してもらうすべもない。

4.4　太宰府と江田島に学ぶ

毎年、夏休みには太宰府天満宮文書館で 4 泊 5 日の書き込み合宿をおこなった。食事時間とわずかな休憩時間以外は私語も許されず、ひたすら書くだけの夏季合宿である。それだけに合宿後の書技向上は著しい。3 年次には、男子の役員全員が頭を丸め、気合を入れて合宿に臨んだ。起床後はラジオ体操と軽いランニング。1 日の練習が終わると、近くの銭湯で墨と汗、そして互いの背中を流した。

梅が咲き誇る 3 月初旬には、文書館そばの庭園で「曲水の宴」が開かれ、平安装束を身にまとい流れてくる盃がとおり過ぎる前

に和歌を詠む、雅な神事がおこなわれている。

　　東風吹かば　匂ひおこせよ　梅の花

　　　　　　　あるじなしとて　春な忘れそ

　菅原道真公の一首を思い出す。

　私が卒業した数年後、文書館近くの銭湯がなくなったため、合宿の場所を太宰府天満宮から近年 "光の道" で人気の宮地嶽神社に移し、最近は北九州市や佐賀県内の少年自然の家を利用している。ちなみに、太宰府は "梅ヶ枝餅"、宮地嶽は "松ヶ枝餅" の店が軒を連ねる。

　冬休みの終わりには、各自の自覚や意識の向上を図るため、広島県の国立江田島青年の家で 4 泊 5 日の討論を主にした春季合宿をおこなった。書道部の運営や在り方、さらには新入部員受け入れ体制などについて議論を展開した。

　聞けば、第 11 代幹事の小野善廣先輩（故人）や安河内純一先輩の時から江田島での合宿を始めたとのことである。江田島青年の家が提供するプログラムには、海軍兵学校でおこなわれていた短艇（カッターボート）訓練もあり、合宿参加者全員が厳しい訓練を受ける。

　「櫂上げーっ。」

　瀬戸内の静かな海に指導教官の大きな声がした。

　福岡では名門の太宰府ゴルフ倶楽部、各ホールのティーイングエ
リア附近には、大伴旅人らの万葉古今連歌が記されており、ゴルフ
ァーのこころを和ませてくれている。

　9番ホール PAR4 には、フュアウェイの右側に大きなバンカ　が
2つと、山上憶良が詠んだ歌がある。

　　大野山　霧立ちわたる　わが嘆く

　　　　　　　息嘯（おきそ）の風に　霧立ちわたる

　また、太宰府市には連歌屋といった町名がある。

4.5　役員選挙と芸術家 "荒尾記史朗"

　2 年次の秋、学園祭前に書道部の役員改選がある。書道部の代
表者である第 16 代幹事には、私と荒尾記史朗（故人）のふたりが
立候補した。結果は私が選出された。荒尾の芸術的センスは他の
追随を許さなかったが、人間味豊かな感性だけで運営できるよう
な軟な書道部ではなかった。

　荒尾は思いのままに書に取り組んでいたが、卒業後も確たる職
を求めることなく、かの井上陽水が歌う能古島（のこのしま）に居を構えた。創
作活動は書にとどまらず絵画や作陶にもおよび、全国各地で個展
を開いた。テレビ西日本の深夜番組で長く MC を務めるなど、類

い稀な芸術家であったが、平成 21 (2009) 年 4 月逝去。55 歳の若
さで亡くなるまでの数年は、1 年の半分をバリ島、残り半分を能
古島で暮らし作品を作り続けた。

　福岡市内に数店ある "能古うどん" の看板文字も荒尾が書い
たものだ。また、福岡大学の非常勤講師として、留学生に筆の持
ち方から丁寧に教え、能古島にある歌碑で拓本の取り方も教授し
た。

第5章　福岡大学生 ②

― あくなき挑戦 ―

＜18歳～22歳＞

（昭和48年4月～昭和52年3月）

5.1　書道部第16代幹事

　書道部の役員は、幹事、副幹事、会計、企画、渉外の各1名と庶務2名で構成され、年間の基本方針の立案と年間行事の執行、及びそれに伴う予算管理がその主たる業務である。幹事になった私はこれまでの書道部が抱えていた諸課題の改善に着手し、これまで以上の活動成果とより円滑な日々の活動の実現に取り組んだ。

　まず、名前だけの幽霊部員に対して退部勧告をおこない10人ほどを整理したが、それでも60数人が在籍した。練習時間に近くの雀荘で麻雀をしていた先輩たちには始末書を書いてもらった。

　また、これまでの部員総会では幹事が議長を兼ねていたが、議会制民主主義に倣い規程を改正し、役員のうちのひとりに議長を兼任させ自らは責任者としての答弁をおこなうことにした。議案

によっては、先輩部員が謝罪を要求するようなこともあったが、最後の砦である幹事の謝罪を回避すべく、副幹事以下役員たちが奮闘した。

万全の体制で船出したはずの役員会であったが、春季合宿の準備段階で不協和音が聞こえてきた。「これでは、ダメだ。もっと深く掘り下げ、いろいろな角度から検討すべきだ」、と主張する私に対し、「十分議論は尽くした。」とする役員たち。多勢に無勢、孤軍奮闘である。

「・・・では、みんなでやってくれ。オレは春季合宿中、一切口はださない。」役員会はもの別れに終わり、失意のまま春季合宿はスタートした。

合宿中、先輩たちの厳しい意見や多くの指摘に対し、役員たちは何ら反応できず撃沈してしまった。新役員になって初めての大きな行事は、見事に失敗に終わったが、帰路の列車の中、私の言っていたことを理解してくれた南部好孝、内野俊彦ら役員たちが、やんわりと近くに寄ってきた。彼らは生涯の友となった。

中学時代に学級活動で鍛えられた私は、想定される質疑や問答を抽出するなど事前に十分準備していなければ、組織が目指す議論展開どころか、議事が彷徨いかねないことを誰よりも分かっていたつもりであった。しかし、この時の考えや判断が正しかったとしても、メンバーを説得し理解を得るにいたらなかった。そのため目標達成に向けて組織を牽引できなかった。この点でのリーダーシップの欠如は大いに反省すべきことであった。

5.2 常任幹事への道

　春季合宿の件で、書道部の中にいてもこれ以上の成長は望めないと思った私は、帰学後、第14代の幹事を務めた地頭薗裕孝先輩に相談し、書道部を含む学術文化部会（構成員約 2,000 人）の執行部である常任幹事の道を進みたい旨を話した。「支援は惜しまない、お前の成長だけが楽しみだ。」と背中を押してくれた。次年度の5月か6月頃には常任幹事代行として選任され、秋には常任幹事として歩むことになるはずであった。

　ところが、3月に常任幹事のひとりの不始末が発覚、当人が書道部出身者であったため、私の常任幹事への就任は諦めるほかはなかった。引き続き書道部幹事を務めることとなった私であったが、その後は一致団結した強固な役員会が書道部を牽引した。創立15周年を記念し書道展ほか機関紙「荒鷲」を発刊、赤木先生揮毫「錬磨」の和手拭いを作成し部員や関係者に配付した。

　私の常任幹事入りは実現しなかったが、常任幹事を務めた写真部の沼田史朗、謡曲部の田中光夫とは卒業以来今日まで年に数度のゴルフラウンドが続いている。ゴルフから離れた落語研究部の山田広明の穴は経営学研究部の若手杉山達信が埋め、近年では名古屋から法律研究部の澤野茂先輩がゲストで来福することもある。最近、山田広明（福々亭恋狂）は、落語研究部 OB 会の面々と地域の落語会で高座に上がり、"二〇加家せん平"の名で「ウクレレにわか」を披露している。

5.3 西日本高等学校揮毫大会

福岡大学書道部はかつて西日本高等学校揮毫大会を主催していた。文字どおり西日本地域の高校生を対象に福岡大学を会場とした席上揮毫会であった。学長賞（一席）をはじめ知事賞、市長賞など 15 点余りの個人賞と団体賞を同日の公開審査で決定するもので、昭和 36 (1961) 年から平成 9 (1997) 年まで 36 年の長きにわたって開催した。ちなみに、当時、福岡大学では珠算部が「西日本高等学校珠算大会」を、弁論部は「全日本大学弁論大会」を主催していた。

私は「第 15 回西日本高等学校揮毫大会」を「15 周年記念大会」と位置づけ、3 年次に実行委員長として開催の準備にあたった。一席に「福岡大学長賞」を授与してきたが、それまでの 14 年間、学長が出席して挨拶することはなかった。

私は古田龍夫書道部長（元法学部長）の研究室を訪ねた。「今度の揮毫大会の件で参りました。」「挨拶じゃろう。学生部長に言うときゃ、良かな。」久留米市在住の筑後弁である。「今回は 15 周年の記念大会ですので、学長にご挨拶をお願いしたいと思っています。ぜひ先生のお力でよろしくお願いいたします。」「・・・」深々と一礼して辞去した。

後日、学生課の S 氏から呼び出しがあった。「学長が挨拶に来られるてバイ。山村君、なんかしたとね。」部室に戻った私「学長が挨拶に来らすバイ。」「ほんなこつやー。」部員の誰もが覚

醒し、部室は興奮に包まれた。委員長の務めはこれで終わったようなもの。本番さながらのリハーサルを終え、あとは 300 人近くの高校生を迎えるばかりである。

当日になった。龍昭夫学生課長補佐（当時、故人）に伴われ、学長室に河原由郎学長をお迎えに伺った。会場の記念会堂では、参加する高校生の皆さん以上に緊張した部員が開会を待っていた。私の挨拶に続いて学長から挨拶をいただいた。大会創設以来、実に 15 年を要したが、高い志さえあれば、何事もさほど時間と手間は要しないものだと思った。

5.4 福岡学生書道連盟

福岡大学をはじめ県内 12 の大学・短大の書道部で組織するのが福岡学生書道連盟である。展覧会などのほか、夏には英彦山青年の家において、書技の向上と親睦を図ることを目的として毎年「錬成会」を開催していた。

総会で選出される運営委員長、事務局長、編集委員長が中心となり、各大学の運営委員、事務局員および編集委員が各々の役目を担い連盟は運営された。基本的に連盟と各大学の役員の任期は、大学は 2 年次の後期から 1 年間、短大であれば 1 年次の後期から 1 年間であった。ちなみに、本学の学術文化部会の常任幹事は 3 年次の後期から 1 年間である。

3 年次の秋、連盟の役員を決定する総会を本学で開催、事務局

長と編集委員長は決定したものの、代表者である運営委員長に立
候補するものがなく、1 週間後に再度総会をおこなうことになっ
た。福岡大学も 2 年次生の部員は少なく、連盟に役員を出す余裕
などまったくなかった。しかし、次回の総会でも候補者がいなか
った場合は困ったことになるため、次期書道部幹事の永野雄二に、
その時は私を推薦するよう指示しておいた。1 年間の幹事の任務
を終え、いわば余生をゆっくり過ごしたいのが本音であったが、
犠牲的精神で臨むしかなかった。

　1 週間が経った。案の定、立候補者はいない。永野が手を挙げ
た。「運営委員長に福岡大学の山村さんを推薦いたします。」や
むを得まい、想定内である。

　ところが、その時フロアから別の手が挙がった。「九州大学の
K さんを推薦します。」な、なんだと。そんなことなら、推薦さ
せるんじゃなかった。K に任せれば良いことだ。それにしても、
さすがは K。私とまったく同様のことを考えていたのだ。

　今回の相手は世間知らずの"芸術家"とは違う。私も一目置く
九大の K である。ここまで来たらやるしかない。福岡大学のメン
ツにかけても勝たねばならない。わずかな休憩時間に票固めをお
こなった。結果は私の勝利。望んだわけではなかったが、ありが
たく運営委員長として 1 年間、300 人ほどが加盟する福岡学生書
道連盟を率いることとなった。

　そんなこんなで、組織運営に注力していたため、在学中は書技
の向上など望むべくもなかったが、卒業して数年後、再度『書』

に立ち向かわんと"一念発起"。福岡県展および福岡市展の入選を果たした。

自信と多くの友を得た大学時代の4年間ではあったが、充実した多忙な日々ゆえ、故郷の友人たちとは連絡を取り合うことをないがしろにしたがために信頼と友を無くした 4 年間でもあった。

大学を卒業し、中学・高校の同窓会に出て周囲を見渡すと、"ポツンと一軒家"ならぬ、"ポツンとひとりぼっち"の私がいた。令和 4 (2022) 年 11 月の「1970 荒尾第四中学校 in ふくおか」に参加してくれた片山には、その間の非礼を詫びるしかなかった。

思えば僅か 4 年間だったが、間違いなく 10 年分以上の時を過ごしたように感じている。

5.5　九書大会

夏休みの期間には書道部の夏季合宿、福岡学生書道連盟の「錬成会」のほか、「九書大会」（正式な名称は「九州学生書道大会」ではなかったかと思う）と呼んでいた 3 泊 4 日の宿泊合宿があり、九州各県の大学・短大から希望者が参加していた。当初は国立大学が輪番で当番校となって開催されていたようである。私が 3 年次生の時は佐賀大学が佐賀市内で、その翌年は熊本大学が国立阿蘇青年の家で開催し、最終日は熊本商科大学（現熊本学園大学）の講義室に場所を移し、総会がおこなわれた。

本学の合宿や連盟の「錬成会」に比べ、厳しさが伴わない九書

大会に不満を持つ者は私だけではなかった。本学書道部の第17代幹事になっていた永野から、総会では何を話したらいいかと訊かれたので、「かなり厳しゅう、言うとけ。」とだけ言っておいた。すると、「こんな合宿は、つまらん。福岡大学は脱退します。」と、突然言ってしまったから、さぁー、大変。福岡大学からの参加者を引き連れ、何も言わず退出することにした。熊本商科大学の芝生の上で、用意してあった弁当を食べた。元来、実直にして寡黙、人と話すことが得意ではなかった永野の極度の緊張と興奮が起こしてしまったことであるが、誰一人として彼を責める者はいなかった。

　九書大会を我々の力でテコ入れしたいとの思いはあるものの、本学書道部が主催する西日本高等学校揮毫大会に注力する必要があり、運営にかかわることなく参加するしかない状況であった。

　ところが翌年、書道部の第18代幹事となった堤寛ら数名が私を訪ねてきて「今から鹿児島に行って、明日の九書大会の実行委員会で運営を任せてもらうよう交渉してきます。」と言う。訊けば、福岡学生書道連盟の「錬成会」と協力し、九州全域を対象とする新たな組織で学生の交流をはかり、学生書道の隆盛をはかりたいと言う。彼らの気持ちはすでに固まっており、私の了解だけは取っておこうとの判断である。実現はかなり困難であろうことは明らかだったが、後輩たちの高い志を無にするわけもいかず、「まぁ、やれるだけやってこい。事故に遭わぬよう気をつけて行けよ。」とだけ言って送り出した。

彼らは車3台で明け方まで走り、一睡もすることなく実行委員
会に出席した。玉砕覚悟で臨んだ提案は予想に違わずあえなく却
下となったが、若さゆえの行動は値千金である。そう考えるとこ
ろにもDNAが存在している。

5.6　書道部OB会「書心会」

　書道部を卒業すると、全員が書道部OB会書心会（以下「書心
会」という。）に入会する。書道部の幹事であった頃は、書心会
会長の原博幸先輩（故人）が事務職員として勤務する中村学園大
学によく足を運び指導していただいた。

　卒業するや否や書心会の会計を任され、長く事務局長と評議委
員長を務めた。在学中の15周年の記念行事を皮切りに、5年ごと
の区切りの周年事業（書道展、記念誌発刊、祝賀会）、書道部長
の退任謝恩会や叙勲受賞の祝賀会など、常に中心となり、それら
に一切手を抜くことなく今日まで邁進してきた。

　書道部の創立50周年には、周年事業とは別に、書道部講師の大
原蒼龍氏とOBの江里口吉光、山本達朗らと現役の部員を伴い、
台湾研修に出かけた。台北の故宮博物院では時間をたっぷりとっ
て見学、翠玉白菜や豚の角煮も賞味させていただいた。

　この間、書心会会長を長く務めていただいた福岡大学書道部の
創立者でもある柴田一夫先輩や安河内純一先輩をはじめ多くの
先輩方のご支援により、書心会の運営と学生への支援・指導を憂

いなく続けることができた。「山村がひとりで勝手なことをやっ
てませんか。」といった横槍にも、柴田先輩は「すべて山村に任
せとるったい。」と一蹴し、支えていただいた。

　ずっと以前に書心会会長就任の話をいただいたこともあった
が、母校に勤務し要職に就いたこともあり、ありがたくも丁重に
辞退させていただいた。感謝である。

　卒業して 45 年が経ったが、これまで何人の後輩たちが書道部
から巣立っていったであろうか。書心会事務局長の山本健朗に調
査を依頼すると、最新の会員データには 24 人の物故者を含む 471
人の会員が在籍し、私の在職時に学び舎を巣立った後輩は 359 人
にも及んだ。

　20 数年ぶりであったろうか、神戸市在住の渕田精二先輩から
LINE で連絡をいただき、令和 4 (2022) 年 7 月に再会した。共に
合宿した太宰府の文書館や九州国立博物館を案内し、北原白秋生
誕の地、水郷柳川では川下りを楽しみ、300 年受け継がれる本吉
屋でうなぎのセイロ蒸しをご馳走になった。

　1 月の総会・新年会には、毎年遠路船橋から親友の南部好孝が
飛んで来ては、旧交を温めている。

　うどん県に在住する 1 学年下の松本健一が令和 5 (2023) 年 6 月
下旬細君と来福、短い時間だったがランチを共にし、油山からの
展望と移り変わった大学とその周辺を車窓から見てもらった。松
本とは、年に 2 回のうどんと明太子の物々交換が 45 年もの間続
いている。

5学年下の鶴田定司（静岡在住時）とは富士の裾野でラウンドし、歌川広重の丸子宿丁子屋では"とろろ汁"をご馳走になった。

福岡市および近郊の在住者を中心に、世代を超えた書心会ゴルフコンペやプライベートでのラウンド、中でもゴルフ関連会社に勤務する中村純一郎を中心に堤寛（書心会・前会長）、江里口吉光（同・現会長）、松山理恵、江越健二ら後輩たちとのラウンドは何よりの楽しみだ。

令和4(2022)年4月からは書心会の満生憲親が講師として書道部の指導にあたっている。

5.7 福岡大学職員をめざす

正課外活動の充実とは裏腹に、大学の正課で心が奮うことは終ぞなかったが、私にも就職活動の時期がきた。

卒業後「何かを成したい」という漠然とした野望はあったが、親からの仕送りを当てにするわけにもいかないわけで、4月からの自活のためには3Kを回避しつつ安定した収入が得られるどこかに就職しなければならないと思った。

証券経済学のゼミに所属していたこともあり、興味をもったいくつかの業種からコネクションも頼りに証券会社に的を絞った。兜町で活躍する自身を重ね合わせていたが、結果としてその思いは袖にされてしまった。

ちょっと待てよ。「灯台下暗し」とはこのことだ。福岡大学の

職員という選択もあるではないか。当時でも教職員数が 2,000 人を抱える大きな組織であり、何より書道部で培った母校愛は誰にも負けない。福岡大学に不服、不平、不満、どれもあるわけがない。

　書道部の先輩には、私が入学した同じ年に福岡大学の職員になられた遠藤信廣先輩がおられた。書道部で一緒に活動することこそなかったが、部室に立ち寄られては下戸の私と南部好孝とを連れ、先輩行き付けのやきとり屋さんや中洲でご馳走になることもしばしばで、随分と可愛がっていただいた。

　「職員の採用試験を受けようと思っています。」「通るわけなかろうもん。」「・・・ですかー。」

　筆記試験には 600 人（職種等内訳不明）ほどが受験していたようであったが、運よく面接試験に進んだ。

　5〜6 人ほどの面接者が居並ぶ中、私を含む 3 人が並んで面接に臨んだ。

　「・・・山村くんはー、んー学業の方がー・・・」面接者が未だ言い終わらぬうちに、こともあろうに待ってましたとばかりに質問をさえぎり、おろそかになった学業の原因がとりわけ書道部の活動に打ち込んだことにあることを認め、そのことで自身の成長がはかれたことを一気にまくし立てて、母校への深い思いを伝えた。語るうちに、面接者の質問に答えるというより、むしろ面接者が知らないであろう書道部が主催する西日本高等学校揮毫大会のことなどを大学関係者に理解してほしいとの思いの方が強くなっていった。

「書道部はなかなかまじめな活動をやっています。」そう発言した面接者に目をやれば、学生課の w 課長（故人）であった。

　昭和 52 (1977) 年 4 月、同期の事務職員として私を含む大卒男性 10 人と大卒 1 人を含む女性 5 人が福岡大学に入職した。

　多くの学生は、就職先で社会人となり組織人として自己実現を図ることになるわけで、資格に結び·つく職業や家業継承を除いては、つまるところ自己実現のためにはこの組織でなければならない、という選択でなく、この組織の風土ならば順応できるという選択が現実的なのである。

　振り返ってみれば、順応しかつ自己実現ができた福岡大学は、私にとってまさしく「縁があった」組織であったからにほかならない。

第6章　総務部総務課・財務部会計課
― 改善こそ喜び ―

<22 歳〜36 歳 >

（昭和 52 年 4 月〜平成 3 年 3 月）

6.1　三人の師

　昭和 52 (1977) 年 4 月、福岡大学を卒業して母校に入職した。総務課に配属となった 4 月 1 日、総務課長および 4 人の課長補佐と面談した。

　中でも一番若い課長補佐の N 氏（総務部長、病院事務長などを歴任）は、眼光鋭く、重量感のある語り口など、堂々とした風格にオーラを感じた。幅広い知識と生気に満ちた行動力のみならず、俯瞰的視野で強いリーダーシップを発揮する N 氏を慕う者は多く、そのカリスマ性は職員に留まらず、広く教員にも影響を与えた。学生運動華やかなりし頃の活躍は言うに及ばない。

　N 氏から受けた薫陶を胸に大学職員の業務に邁進してきたが、事務局長就任後は私から相談することも、N 氏から助言をいただくこともなかった。私を信頼していただき、一切を任せていただ

いたものと思いさらに邁進した。心から感謝している。

　二人目は、おおらかに広島弁で勧誘する景山和幸氏（元常務理事・事務局長）である。

　「入るんか、入らんのかい。」

　「はい、入りません。」

職員野球部の監督でもあった景山氏と新人職員の間では何度繰り返されただろうか。私は覚悟を決め、2 年目から入部した。根負けである。その後 13 年間マネージャーを務めたが、"走攻守"この困難な3 文字に、レギュラーもキャプテンも、ましてや監督の話はなかった。職員野球部長は総務部長の充て職のため、ねらい目はこれしかなかったが、結局は縁がなかった。

　景山事務局長は、仕事の質と速度の要求度が高く

　「あれ、しとけー、これ、しとけー。」

と、言われたかと思えば、数分後には

　「もう、できたか。いつ、できるんかー。」

と、いった具合である。担当部署でもないのに、突然の仕事が舞い込んで来ることもしばしばであった。しかし、周囲への気遣いや面倒見の良さ、そして情報量の多さは群を抜いており、見事な手腕で学内外を問わず力量を発揮された。福岡大学を愛し、後進の指導にも手を抜くことはなかった。退職後は、福岡大学準硬式野球部 OB 会長の傍ら、全日本軟式野球連盟の審判活動を続けておられる。

　最後のひとりは、小原一郎氏（企画部長・教務部事務部長など

を歴任）である。学生時代は草創期の落語研究会に所属、根っか
らのスポーツマンで長く職員野球部で活躍し、マネージャーを私
に引き継いだ後は、主将、コーチ、監督としてチームを牽引。退
職後は景山氏同様、地域の軟式野球審判活動を続けられている。

　私が職員になって間もなく、学生時代に所属していた書道部の
古田龍夫部長退任謝恩祝賀会と、勤務している総務課の慰安旅行
が重なってしまった。祝賀会は私が中心となって準備を進めてき
たので、私がいなければ開催できないと考え、二者択一は迷うこ
となく祝賀会を選択した。

　「しかじかの理由で慰安旅行を欠席させてください。」

　「それは大変やね。了解。」

といったやり取りを予想していたのだが、さにあらず。小原氏か
ら返って来た言葉は

　「大変やね。それやったら、当日山村がおらんでもできるごと
すれば、いいったい。」

であった。

　私はまったく考えが及ばなかった。正に「仕事」の何たるかを
教えていただいた。大学生活 4 年間で 3mm ほど高くなった鼻は、
低くなるどころか、いとも簡単にへし折られてしまった。己の不
明を恥じるばかりである。豊かな人間性と幅広い知識により様々
なシーンにおいて、現在も公私にわたり指導、助言を仰いでいる。

6.2 河原由郎学長

　職員に採用されて最初の部署は総務課庶務係だった。仕事を覚えるのに必死な毎日だった。ある日、学長が天神のデパートで買い物をされるから、今から校用車に同乗し随行せよ、との指示が先輩職員からあった。学長とは、書道部主催の西日本高等学校揮毫大会でご挨拶をいただいた、あの河原由郎学長である。

　後ろの席に座っていただきドアを閉め、助手席に乗り込もうとすると、手招きしながら横に座るようにおっしゃっていただいた。これはその後も随行するたびに繰り返された。

　学長の横に着座して、私は新入職員であることをお伝えし、そして学生時代に揮毫大会でご挨拶をいただいたことのお礼を述べた。河原学長からは、「書道部かぁー、それは楽しみだー。」と言っていただいた。岩田屋デパートでは、額に汗して、学長が歩く前の人波を必死にかき分けながら地階のくだもの売り場を目指した。

　メロンを手に、あるお宅への病気見舞いを済まされた帰路、車が方向を変えると「一方交通かぁ。」と学長。

　「いえ、一方通行です。」

　聞き流す知恵さえなかった新入職員だった。

6.3　カウンター、ほくそ笑む

　入職当初、総務課には私が所属する庶務係と人事係があり、総務課の扉を開けるとカウンターの内側に庶務係の机が並び、その奥に人事係の席が配置されていた。一部の部署を除き、職員は毎日総務課に立ち寄り総務課のカウンターにある出勤簿に押印することになっていた。

　奥の人事係も学内外から多くの来訪者があり、庶務係はその都度人事係を呼びに行き、さもなければ大声を出して人事係に来客の旨を伝えなければならなかった。

　忘れもしない、入職満一年の年度末 3 月 31 日、私の提案で 5m ほどあった長いカウンターを 90 度回転させて向きを変え、メールボックスの位置も変えた。長いカウンターに沿って進めば奥の人事係の席に行きつけるようにしたのである。

　さて、私の職員 2 年目となる翌 4 月 1 日の朝、入ってきた職員の顔は皆、驚きの顔、顔、顔であった。1 年分のご褒美だと、ひとりほくそ笑んだ。先輩職員から「アレコレ言わず、1 年間は黙って仕事をしろっ。」と、たびたび叱られていたからである。

　職員たるもの、たとえ先輩からアレコレ言われても、改善・改革は時機を逸することなく果敢に遂行すべきであろう。

6.4 無駄を省く改善こそ喜び

　総務課で旅費を担当することになった。各部署からの申請に出張許可の決裁が下りた段階で、所属・資格・氏名・出張目的・出張先・宿泊数・日当・その他の必要事項を旅費支給台帳に記入し、総務課長決裁後に会計課の担当者に渡し、会計課が旅費計算をして支給した。

　1冊の旅費支給台帳を二つの課で交互に使用しているため、追加があると旅費支給台帳を返してもらうべく本館の端から端まで何往復もしなければならず、不便極まりなかった。

　そこで、旅費支給台帳を渡し切りにすることで、両課を行き来する無駄を無くすべく、総務課保存、会計課保存、出張命令書および電算センターパンチ用の4枚複写にすることを提案した。これは利便性だけでなく、予算管理上も大きな成果を発揮した。

6.5 データベースの利用

　総務課が所管する卒業証書の発行には卒業生原簿への記載が必要である。原簿は薄い和紙を使い、証書に割印をするため、アルバイトの手を借りて、学部ごとに一冊ずつあらかじめ作成していた。原簿には発行番号のほか、学籍番号・氏名・フリガナ・生年月日・本籍が記載されていた。

　よくよく考えると、原簿への記載に必要なこれらの情報は教務

課がデータとして持っている。なんとかこれを利用し、これまでの原簿作成のための多くの手間を省きたいと考えた。電算センターの担当者である場々和博氏に相談したところ、彼からは快諾とともに称賛を得た。問題は、電算処理上和紙を使うことができず、洋紙を使用するため製本すると原簿が重くならざるを得ないということだけであった。

　これ以降、卒業証書への割印が終了した 9 月の前期卒業生のものを、先の 3 月に卒業した学生のものに追加して一冊に製本、これをもって年度ごとの卒業生原簿とすることにした。

　手書きの作業がなくなり、長期間にわたりアルバイト 2 名を採用する必要もなくなった。

6.6　会計処理の新提案

　意気揚々と業務に従事していた総務課での 5 年間の後、会計課へ異動した。幼い頃、玉ひとつ動かすことを許されなかった "そろばん" であったが、ここに来てお世話になることになった。

　会計課の 9 年間で "支払係" と "給与係"、そして "収納係" へと順に異動した。最後の 2 年間の "収納係" は、元来飽き性のため課長に願い出て実現したものだ。しかし、学内でも比較的穏やかで地味な感じの部署でもあり、私が活躍する場はあまりなかった。

　年度末会計処理について新たな提案をしたところ、財務畑のス

ペシャリストであるＩ財務部長（故人）が真っ赤な顔をして会計課にやってきて「誰がこんなことを考えたか。」と。

　怒られるかと構えていたら、「うーん。・・・実にいい。」なんてこともあった。

　私学共済給付金の業務改善についても、私の構想を電算センターの場々氏に相談、人事課の森美智雄氏（のちに事業部長ほか歴任）と交渉、協議を重ね電算化を実現した。人事課の業務が若干増えたが、担当者の業務のほぼ半数をなくすに至った。

コラム ⑥　模擬紙幣

　決算が落ち着いた 5 月初旬に開催された歓送迎会の自己紹介では、銀行から分けてもらった札勘練習用の模擬紙幣を片手で広げて見せて拍手をもらった。

　4 枚ずつ 12 回数えて 2 枚足して、50 万円也。ちなみに黒田さんがいた日銀は 5 枚ずつ数えると聞いた。

第7章　教務三課

― 熱血指導 ―

<36 歳～42 歳 >

（平成 3 年 4 月～平成 9 年 3 月）

7.1　業務のデジタル化 "桐の魔術師"

　平成 3 (1991) 年 4 月、会計課から教務三課に異動となり、工学部の教務事務を担当した。1 年間後輩職員の使い走りをした後、理学部の教務事務を任された。その間、医学部を除く全学部の定期試験監督割の作成担当者となった。前任者のような緻密な手作業はとてもできないと判断した私は PC-98 NOTE パソコンを自費で購入し、表計算ソフトの『三四郎』を使ってパソコン上で処理できるようにした。読み合わせの手間も省き、完璧に仕上げた。

　教授会資料を『一太郎』で作成している時、「担当者別科目一覧表」と「科目別担当者一覧表」の記載項目はすべて同じであることに気づいた。データベースソフトを使えば、簡単に 2 種類の表ができる。『桐』を導入して活用したが作成に戸惑うことはなかった。

教務事務とデータベースが切っても切れない間柄であることに気付いていち早く取り組んだ私であったが、周囲から少しばかり褒められはしたが、それ以上のことは言ってくれないので、「"桐の魔術師"とは俺のことだ。」と、自らを鼓舞し業務のデジタル化に邁進した。

7.2　教職員組合中央書記長となる

　教職員組合（以下「組合」という。）には特に興味もなかったし、何ら活動することなく過ごしていた。ある日、「こんど、組合の書記長になってくれんね。」と、その時中央書記長をしていた先輩職員K氏が言う。

　私が断わることを想定していたK氏は続けて「N課長には話しとるけん。」例のカリスマN氏のことである。外堀を埋めてきたに違いないし、嘘もないだろう。確かめる必要もないし、九州男児たるもの、ここで逃げたら男がすたる。

　「書記長ですか？　委員長じゃ、ないんですか。」と、嘯いてみせた。「委員長は教員がするったい。先ずは、七隈支部の書記長、次の年に中央書記長たい。」「いいですよ。やりましょう。」

　平成6 (1994) 年12月から2年間の組合活動がスタートした。組合役員への就任は、熱心な極々一部の人を除けば遠慮したい人がほとんどだ。教員は各学部の輪番制で何とか選出されていたようだが、教員以外の職員から選出する書記長には毎年苦労してい

た。委員長も書記長も専従ではないため、本務の合間を縫って、ということもありはするが、連日就業時間後に会議があるため、夜、組合の仕事を終えて職場に戻ることも少なくなかった。

　支部書記長を終えた翌年の 12 月、中央書記長に就任した。中央執行委員長の福嶋義博理学部教授、同副委員長の今野孝商学部助教授と 3 人でタッグを組んだ。好きで役員になったわけではない3 人ではあったが、組合員、組合、ひいては福岡大学のため、組合の仕事に邁進していった。

　組合の課題はいろいろあったが、組合自身の財政問題もそのひとつであった。組合収入のほとんどは、組合員の給与から天引きされる組合費であり、支出の多くは人件費と各委員会の会議手当などの活動費であった。

　前述のように組合には専従の役員はいなかったが、組合事務室には三人の女性が専従の書記として勤務し、活動費の処理や事務連絡、会議の準備などをやってくれていた。彼女たちは組合が雇用しており、本学の職員ではないため組合員でもなかった。

　恐らく使うことはないと思われる闘争資金としての特別会計には当時相当の積立額があり、また書記の退職手当のための特別会計も設けられていた。したがって組合財政について心配する者はほとんど誰もいなかった。

　ところが委員長に就任した福嶋教授のシミュレーションによれば、書記の給与、賞与および退職金などは本学職員に準じて支給しているため、将来的に組合支出のかなりの部分を書記の人件

費に割くことになり、書記の雇用を維持するために組合が存続するという事態にもなりかねないとのことであった。当初はアルバイトとして採用したが、よく頑張ってくれているからと、過去の役員が大学職員と同等の給与待遇にしていった経緯があるようだった。

　彼女たちに罪はないが、この現実と今後の対応をいかにするか、委員会などで議論を始めた。活動手当や交通費などの支出のあり方を見直すなど、健全な組合活動と財政運営に向けての改善にも努めた。

　その後、組合財政に関する『職組ニュース』や委員会の議事録を見て居づらくなったのであろう、三人から書記長である私の元に退職届が提出された。引き止めたくても、引き止めるわけにもいかず、結果的に半年ほどで全員が組合を退職していった。

7.3　学生指導と大粒の涙

　事務室から、単位不足で卒業が危うい学生に電話をしたところ、「あんた、そげなわけ、なかろうもん。」と学生が電話口で大声をあげた。「明日でいいから、ゼミの先生と一緒に来てくれるかな。」私は、やさしく、できるだけ丁寧に学生に伝えた。学生は翌朝早々、ゼミ担当のN助教授（当時）とともにやって来た。

　ふたりを別室に案内し、学生を呼び出した理由を説明し始めると心配した学生部委員のU教授も駆け付け、傍に立っていた。

「・・・いいですか、このままでは、卒業ができませんよね。分かりますね。」もう一度、やさしく、やさしく、さらに丁寧に。そして説明を終えた瞬間、私は広げていた分厚い書類を、振り上げた手のひらで皆が驚くほどの大きな音をさせ叩いてみせた。

　「"あんた、そげなわけ、なかろうもん"って・・・」一呼吸置いて、「一体誰に言おうとしとったとやー。目上の、それも職員に対して言うことやなかろうが。」最大限に怒ってみせた。この先は脚色を加えながら、より大きな声で、「4 年間、何を学んで来たんか。卒業せんでもいい。もう 1 年勉強せぇ。」

　気が付けば、大粒の涙を流す学生の横で土下座している N 助教授がいた。

　「なんで、おまえのために先生が頭を下げとらすとか、分かっとーとかっ。」

　「先生、どうぞ、お座りください。」学生を残して先生方を別室に案内した。すると、「山村さんが言うのが正しい。卒業させんでいい。」と U 学生部委員。「いいえ、要は、彼を卒業させるためにどうすればいいか、それが一番大事です。今から相談しましょう。彼にはチョットお灸を据え過ぎましたが、いい勉強にはなったでしょう。」

　卒業から半年ほどして、警察官になったこの時の学生が私を訪ねてきた。あの時の彼の大粒の涙は、果たして苦かったのか、甘かったのか・・・

7.4 時間割編成

　時間割の作成は教員と職員の連携でおこなわれる。職員が「時間割ビラ」と呼ぶ小さな短冊に科目名と担当者名を記載したものを作成する。教務事務に関係する職員と、全学部の教務委員をはじめとする教務関連の委員、そして各学部で決めた時間割担当教員らが一堂に会し、1週間ほどの日程で学部間の調整をはじめ多くの作業をおこない、大きな黒板の曜日・時限ごとのマス目に、確定した「ビラ」をマグネットで貼り付ける。

　貼り付けがすべて終了した後に、各学部の事務担当者が、自学部の「ビラ」だけを、曜日・時限ごとに丁寧に取り外し、それを整理して時間割を作成していく。なんと、9学部約20,000人の学生に提供される科目数は7,000科目余り、作成する「ビラ」の枚数は7,500枚ほどにも及ぶ。途方もない手作業である。

　科目名も担当者名も既にデータはある。なんとかこれを時間割とマッチングできないか。先ずは担当の理学部で試み、翌年には電算センターの協力で6台ほどパソコンを設置し、各学部から呼び集めた職員で、曜日・時限ごとに、ビラに事前に記載している番号の入力作業をおこなった。

　入力した番号をキーにすることで、いともたやすく時間割のデータベースが完成した。

　業務の改善にコンピュータを活用したいと思いながらも、私にとって壁となっていたものは、まったく歯が立たなかった

COBOL であった。ワープロ専用機がパソコンへと置き換えられていく中で、パソコンとアプリケーション・ソフトの進化がそれを可能にしたのである。さらなる業務改善への可能性と希望と持たせてくれた。

　私にとっての"パソコン三種の神器"は、『Word』、『Excel』そして、『桐』なるデータベースであった。

　『桐』はのちに『Access』に替わることになる。今日ではほとんどの企業や教育機関は基本的に Microsoft の Office 製品を標準にしているが、福岡大学も同様である。ただ、私はワープロソフトに『一太郎』を使用していたため、当時まだ日本語処理能力が弱かった『Word』への移行にはかなりの抵抗感があり、切換えには大きな決断を要した。

第8章 教務三課長補佐・教務二課長・教務調整課長
― 生来の気質 ―

<42歳〜47歳>

（平成9年4月 ~ 平成14年3月）

8.1 弱きを助け、強きを挫く

　平成9(1997)年4月、教務三課の課長補佐に就任した。医学部を除く理系学部（理学・工学・薬学・スポーツ科学）の教務事務業務である。文系担当の教務二課とは綿密に連絡を取り合い、協力して業務をおこなわなければならない。非常勤講師委嘱関係処理をデータベースソフト『Access』で作成、文系学部を含む全学部に利用するよう指示した。現在もほぼ形を変えず利用されていると聞く。

　年間を通して多忙な部署ではあるが、特に年度末・年度始は多忙を極めており、深夜に及ぶことも稀ではなく、職員たちの業務終了を待って帰宅することが多かった。

　定期試験ではこんなこともあった。試験事務室に責任者として詰めていると、ふたりの学生がやって来て、「さっきの試験、私

の問題紙には 1 問しか無かったんですが・・・」と、言う。調べ
てみると、設問は本来 2 問あるのだが、学生のものだけが 1 問し
かない。ずれて印刷されてしまったのだ。

　すると、居合わせた法学部の F 教授が、「これを印刷した職員
はクビだなっ。」と。一瞬にして反応した私、「何がこれでクビ
ですかっ。先生方の問題間違いが、どんだけあるか分かってます
か。今は、学生をどう救うかですよ。」

　教授は、一言も発しなかった。ちょっとした戯言だったに違い
ないが、誰であれわが身同様の後輩職員のことである。決して見
過ごすわけにはいかなかった。弱きを助け、強きを挫く「生来の
気質」を押さえることはできない。

8.2　認知と信頼

　課長補佐を 2 年で終え、教務二課長に昇任した。異例の速さで
ある。学長室で内示を受けて教務部（同じフロアに教務一課・二
課・三課が並んで配置されていた）に帰ると、「何処やったです
か?」と古参の Y 教務二課長補佐が訊ねた。

　当然、どこかへの異動と考えたのだろう。「はぁ、ここです。」
と、たまたま離席中であった教務二課長の席をそーっと指さした。

　いつものやさしい Y 氏の目が、その時は眼光鋭く、思考が停止
した瞬間に違いなかった。10 歳も年上の Y 氏にしてみれば、理不
尽極まりない人事であったに違いない。着任後にうまく連携が取

れるのか、まったく不安がなかったと言えば嘘になる。

　4月になった。Y氏が作業している業務を訊ねると、理系専門教育科目を除くすべての科目の教室割だと言う。科目の登録者数を見て、それに見合った教室を手作業で充てているのである。とても1日やそこらでできる作業ではない。即座に頭の中で例の"桐の魔術師"が騒ぎはじめた。「ちょっと預からせてください。」そう言って、作業をすること数時間、「これで、どうでしょうか。」認知と信頼を得た瞬間であった。

　それからは仕事が早く終われば麻雀卓を囲んだ。部下に徹していただいたY氏には敬服するばかりである。次第に周囲のパソコン環境も整ってきたため、『桐』から『Access』に切り替え、様々な帳票を魔術師は生み出して行った。

　その当時、講義を担当する教員は、開講初日には先ず控室やフロアのホワイトボードに貼り付けられた大きな時間割表から自身の講義教室を探し出し、それから各教室に向かっていた。そこで、ヨコ軸を曜日、縦軸を時限にしたマス目に、講義名とともに教室と登録者数とを表示した帳票を、教員ごとに作成し配付することにした。

　受け取って驚かれる顔を見て、若い頃カウンター越しにほくそ笑んでいた自身を思い出した。

8.3　改善・改革の嵐

　平成 3 (1991) 年の大学設置基準等の大綱化（一般教育、専門教育等の区分の撤廃）以降、教育研究等の状況に関する情報提供の義務化、FD（ファカルティ・ディベロップメント）の努力義務化、キャップ制の努力義務化、教育研究目的の明示の義務化、成績評価・修了基準の明示の義務化など、改善・改革の嵐が吹き荒れた。

　福岡大学は平成 20 年の義務化を待たずに、シラバスを作成することにした。私の提案で、履修登録に必要な学科履修規程を掲載している新入生に配付する『学生必携』と、2 年次生以降に配付する『学生便覧』に、それぞれ「シラバス」を追加して一冊にまとめた学部別の『学修ガイド』を作成し、学生の利便性を図った。

　そこで、私はシラバス作成の際に、印刷会社で打ち込んだデータを加工し、Web シラバスに利用できないものかと考え、翌年のWeb シラバス導入に注力した。導入にあたっては、システムの準備には言うまでもなく多くの時間を要したが、最大の心配は非常勤講師を含むすべての先生方が導入の趣旨とともに入力方法を理解し、期限までに入力を済ませてもらえるかどうかであった。各学部の教務委員の理解と協力で開始するも、当初は必ずしも満足できるものではなかったが、幸いにも年を追うごとに精度は上がっていった。

8.4 歴史は繰り返す

これまで教務部は、学籍管理・教職課程などを担当する教務一課、文系学部（人文・法・経済・商）担当の教務二課および医学部を除く理系学部（理・工・薬・スポーツ科）担当の教務三課が同じフロアで、横並びに学生窓口を設けて勤務していた。

59 万 m^2 もある巨大なキャンパスであるため、これでは学生や教員にとって利用しづらく、学生サービスや教員・職員間のコミュニケーションも取りづらい。

さらに横並びの"どんぐり"たちは、なかなか"出る杭"にはなってくれない。学部の独自性が出てこないのを危惧していた私の提案は、景山事務局長の理解と後押しとを得ることができた。文系学部を担当していた教務二課は各学部事務室を新設し、理系学部担当の教務三課は既存の学部事務室にそれぞれ教務担当職員を異動し、教務事務をおこなう体制に変更した。それまでの教務一課は、教務課に名称を変更した。

しかし、こうして実現した新たな教務事務体制であったが、それから 20 年後の令和 4 (2022) 年、ほぼもとの体制に逆戻りしたようだ。教務部の管理下で統制は取りやすくなってもその代償で出る杭が打たれなければ幸いだ。歴史は繰り返すのだろうか。

8.5　苦渋の決断

　新たな教務事務体制のもとで、各学部事務室では処理しづらい定期試験や『学修ガイド』の作成など、全学にかかわる業務は新たな教務課が担当したが、教務部にはもうひとつ、課員がいない課長ひとりだけの不思議な「課」が1年間だけ存在した。教務事務体制の大きな改革とそれに伴う職員の大移動を問題なくスムースに移行するため時限的に置かれたもので、これを担当する教務調整課長に私は配置換えになった。組織を大幅に変えると、それまでの業務をどの部署がおこなうか、綱引きや押競饅頭が起こる。そのいわば行司役が私の仕事である。

　この間、証明書自動発行機7台の導入や共通教育英語の目的別クラス制の導入などに力を注いだ。中でも全学一斉のWeb履修登録導入に踏み切ったことは特筆に値するだろう。20,000人もの学生が1年間の履修科目を、限定されたきわめて短い期間にWebを介して登録するシステムだけに、そう簡単にスタートできたわけではなかった。既に導入していた大学の失敗例には事欠かず、多くの危ぶむ声がある中での実施であった。

　問題が出ては対処、対処すれば更なる問題が噴出してくる。連日連夜の深夜業務、いつになったら解放されるのか。しかし、当時の職員たちの気力はその体力をはるかに上回っていた。

　学生たちの初めてのWeb履修登録が済んで授業が始まった。落ち着くころを見越して、教務部の役職者が近くの寿司屋に集まっ

ていた。20時を過ぎていただろうか。私の携帯が鳴った。

　「すぐに来てください。確認表が出ません。」教務三課の志渡澤登氏（現、キャリアセンター事務部長）からだった。食うもの？もとりあえず大学に戻った。確認表とは、Web上で申請した科目が、きちんと登録されているかを学生自身が確認するための帳票のことである。登録されていなければ、授業を受けても試験は受けられないし、単位も取れない。聞けば、登録した科目がうまく反映されないまま、出力されていると言う。

　電算センターの管理職に、なんとか対応してほしいと懇願するが、「もう、これ以上の残業は勘弁してほしい。職員の体が心配だ。」と、断わられてしまった。やむを得ないことであった。

　「明日の確認表の配付は延期するとして、いつだったら大丈夫か。」と私。「1週間あれば・・・」「分かった。学生との約束を2度も違えることはできん。そんなら、10日やるけん、10日後に配付できるよう頑張ってくれ。」苦渋の決断だった。

　当時の教務部長は人文学部の酒井健治郎教授で、英国紳士の如き精神と振る舞いは、温厚篤実な人柄そのもので、折に触れて、英国の文化や歴史そして英国在住の際のいろんな出来事や訪れたゴルフ場のことなど、実に楽しそうに目をかがやかせて、多くの話をしていただいた。実直、冷静、頭脳明晰な私の上司、辻義人教務部次長とのコンビで、実に3期6年の永きにわたり教務部長として私たち職員を導いていただいた。退職後は、絵を描かれては個展を開かれるなど、多彩なご活躍である。

　教務各課に勤務していた時期は、よく辻氏、Ｙ氏、井手俊輔氏と雀卓を囲んでいた。とても懐かしい。

┌─ コラム ⑦　仕事の流儀 ──────────

　この頃から心がけたのは、出勤して先ず苦手なひとからコンタクトを取り、わずらわしい仕事から始めることであった。これらをまず処理することができれば、その後に思い悩むことが無くなるため、スムースで快適な一日の仕事環境が確保できる。

　逃げ出したい状況を放置すれば、頭の片隅からずっと離れることがないため、ほかの仕事に影響を及ぼすことは必至である。

第9章　総務課長
― 事務職員の矜持 ―

<47 歳〜50 歳 >

（平成 14 年 4 月〜平成 17 年 3 月）

9.1　筆文字フォント

　平成 14 (2002) 年 4 月、総務課長に就任した。感無量である。何故ならば、総務課は私の大学職員人生がスタートした部署だからである。

　あれから 25 年、総務課長としての仕事が始まった。聞けば、出張・旅費システムは完成しているが、まだ運用していないと言う。4 月 1 日からスタートすれば良いものを・・・。何故かと訊ねても、職員は口ごもって釈然としない。前任者がゴーサインを渋ったものか。まぁぃぃ。Web 履修登録もなんとか乗り切った。多少のリスクはやむを得まい。もとよりサイコロを転がすことは嫌いではないようだ。

　20 数年前、卒業生原簿を電子化した私であったが、卒業証書（学位記）そのものの作成業務はそのままだった。すでに氏名の

筆耕以外はすべて印刷されていたが、その小筆で書かれた氏名の文字がとても黙ってはいられないほどの不出来で、書をやっていたからでもあろうが、とても卒業生に自信をもって渡せるようなものではなかった。

　たとえ筆耕者を変えても、その時は良くなっても、また元の木阿弥となってしまいかねない。そこで考えたのは、データを利用して氏名も印刷することであった。吟味を重ねて筆文字風のフォントを採用した。どうしても味気無さは否めず不本意ではあるが、少なくともこれで福岡大学が恥を掻かなくて済むと思った。

9.2　矜　持

　過去においては、職員のトップである「事務局長」が発令されず、「事務局長事務取扱」の職名で局長の職責を果たしてきたことがあった。私が入職した当時の総務課長であった第 7 代事務局長の門田保慶氏は、1 年 8 か月余りの事務取扱を経て事務局長に就任された。福岡大学における職員の地位は低かったと言わなければならない。

　さらに、第 5 代末廣秀則事務局長を最後に、生え抜きの第 6 代伊藤一雄氏以降、第 12 代の景山和幸氏まで、事務局長が学校法人の常務理事に就任することは封印されていた。このことは、学校法人運営に大きな責任をもつ事務局長を、ひいてはこの大学を日々支えている多くの職員を、福岡大学の構成員がどのように考

えていたかを示すものであると言えよう。

　そこで、山下宏幸学長　（当時、故人）　に直談判した。

　「事務局長は、『理事』ですか、それとも『常務理事』ですか？規程には『常務理事たる事務局長』との記載があるんですが。」

　山下学長、「『常務理事』じゃ、ないとね。」

　私、「『常務理事』の扱いにはなっていません。景山局長を『常務理事』にお願いします。」

　そう言って学長室を出た。その日のうちに文書課長が学長室に呼ばれた。

　それから、ひと月ほど経ったであろうか、学内の最高議決機関である大学協議会で、構成員のひとりから「事務局長は『理事』、『常務理事』のどちらですか？」との質問があった。

　「常務理事です。」山下学長は即座に答えた。

　会議終了後、直ちに学長室の扉を叩いた。

　「ありがとうございました。」私は深々と頭を下げた。

　職員の士気は上がった。それまで、学長、副学長、各学部長の次が事務局長の席次であったものを、すべからく学長、副学長、事務局長の順に並べ替え、会議では事務局長も雛壇席に着座するようにした。事務職員が常務理事に就任するには、実に30年近くを要したのである。

　たとえ新任であったとしても、学長や副学長に「事務取扱」という4文字が付くことはかつてない。事務局長にだけ付された歴史には憤りを禁じ得ない。もし私の職名に「事務取扱」が付され

ていたら、抗議して就任を辞退しただろう。これこそが、私の事
務職員としての矜持であり、闘いでもあった。

　ところで今改めて考えると、大学協議会での質問は、何ら必然
性はなかったように思う。ひょっとして山下学長が仕組まれたの
ではないか、と密かに思ったりする。

9.3　學而不思則罔、思而不學則殆

　ある日、山下学長からお呼びがかかった。学内に所蔵している
美術品のリストを持ってきてほしいと。学長室に掛けている絵画
を、好みの作品に替えたいとのことであった。

　学長がリストの写真を見ながら、ページを送っている時、すか
さず、「学長、これはどうです。いいでしょう。日展監事の殿村
藍田の作品です。」「いいねー。うん、これにしよう。」ほかの
絵画数点とともに藍田の書を学長室に掛けることが決まった。縦
77 cm 横 250 cm の大作は、『論語』為政第二にある有名「學而
不思則罔、思而不學則殆」が揮毫されている。

　昭和 39 (1964) 年 11 月、本学の 30 周年を記念し、学術文化部
会の各部室などが入る学生会館が建設され、『論語』のこの一節
からとって「学而会館」と命名された。

　この殿村藍田の大作は、新たな会館に掲出するにふさわしい作
品の揮毫を然るべき書家に依頼するよう、書道部が大学から託さ
れたものであった。当時書道部講師であった赤木石埠氏を通じ、

殿村に依頼されたものである。これに介在した先輩の話では、大学からの謝礼を数人で飲み食いに使ったと言うから、けしからん話ではあるが、それはそれで小気味よい。

　この書は、長い間、学而会館2階のラウンジにあったが、隣の第2食堂から出る湯気の油でシミが酷いため、私は学生時代に学生課に一度、職員になってから総務課長に一度、染み抜きを願い出てキレイにしてもらった。総務課長からは、「そんな立派なものであれば、学而会館に戻さず、このまま預かっておけば良い。」との指示がありお蔵入りとなっていた。

　ところで、昭和49 (1974) 年9月に竣工した「有朋会館」の名称は、『論語』学而第一「學而時習之、不亦説乎、有朋自遠方來、不亦樂乎、人不知而不慍、不亦君子乎」からとったものである。

　「子曰、吾十有五而志乎學、三十而立、・・・」さぁて、吾六十有九而、私は何をなすべきであろうか。

9.4　新正門の表札

　平成17 (2005) 年2月3日、福岡市営地下鉄七隈線が開業した。これに合わせ、福大前駅の横に大学の正門を移設した。

　新正門完成式典・祝賀会のメインとなるのは除幕式である。新たな正門にふさわしい表札の「福岡大学」の文字をどうすべきか。聞けば既に計画は進みつつあると言う。私は行動に出た。

　山下学長に直談判し、企画運営会議で大原蒼龍氏（日展会友、

読売書法会常任理事、平成9(1997)年4月〜令和4(2022)年3月
まで本学書道部講師）への揮毫依頼を決定していただいた。品格
のある力強い隷書体で書いていただいた。額装した本書は本館役
員受付近く掲げた。以後、印刷物その他に、またロゴマークとし
ても、この「福岡大学」の書体が活用されてきた。

　良きにつけ悪しきにつけ、本学を取材するテレビ各局は必ず画
面に正門の『福岡大学』を映し出す。入学式や卒業式の日は、こ
の前で記念写真を撮る学生たちの行列が引きも切らない。学生た
ちのTシャツやユニフォームでも、この『福岡大学』の文字が躍
動している。

コラム ⑧　地下鉄七隈線

　地下鉄七隈線の開業前に特別試乗の機会を得た。福大前駅の駅舎
を見学し、許可を得て線路を歩いた。福大前駅から終点橋本まで試
乗した。橋本車両基地には真新しい車両が誇り高く並んでいて、鉄
道ファンでなくとも心が躍った。以前はバスで都心の天神から大学
まで速くても30分、交通状況によっては1時間近く要することさえ
あった。それが、なんと16分で着いてしまう。隔世の感を禁じ得な
い。

9.5　"學"は"文"か　"×"か

　数年後のことであるが、学内の教員から私に電話があり、「正門の『福岡大学』の"学"の文字の上部の中央部分が"文"になっているが、あれは間違いではないのか。」と。改めて見てみると、確かに"文"が書かれている。"学"の旧字体は"學"であり、通常"×"が縦にふたつ並んでいる。

　ま、まさか。私は蒼ざめた。図書館に駆け付け、大きな『五體字類』で探してみるが、"文"になっている字がなかなか見つからない。大原氏に確認するわけにもいかず、人文学部のM教授に相談すると、國學院大學によく知るその道の大家がいるので、連絡してくれると言う。なすすべもなく、朗報を期待して待つことにした。

　M教授からお呼びが掛かった。伺えば、×ふたつは、"文"の字であり間違いではないと言う。見慣れた"學"は×ふたつであるが、草書で"✗"をふたつ縦に続けて書くと、たしかに"文"の字となる。それを隷書体にしたものがこの文字である。胸は撫で下ろさないまでも、安堵し、しっかりと"腑"に落ちた。"学"の字を検索すると"斈"の字がある。なるほど、納得である。本学で禄を食む身であれば、知っていても決して損はあるまい。

　時が過ぎ、令和5(2023)年3月末1個の"ゆうパック"が届いた。差出人は宇治市に移り住んだ大原蒼龍氏である。中身は令和4(2022)年7月、"東美ミュージアム"で開催された"殿村藍田

展"の作品集、令和 5 (2023) 年 1 月大津市歴史博物館での "殿村
藍田展II2023KANSAI" の作品の一部 33 点と「藍田手記」が収録
された図録であった。「赤木石埠先生を偲ぶ機会となれば・・・」
と、私と赤木先生の関係を知る大原氏からの心あたたまる手紙が
添えてあった。

9.6　韓国の協定校、蔚山大学校

　協定校である韓国の蔚山大学校　（以下「蔚山大」という。）と
は、学生の交換留学だけでなく当時は、互いの大学を 2 年ごとに
訪問し、職員間の交流研修を実施していた。景山事務局長を団長
に先輩職員数人と空路わずか 30 分ほどの釜山に飛んだ。研修の
メインとなる本学の取り組み（福大生ステップアッププログラム
=FSP）の報告を「山村が、せよ。」との命が下った。

　蔚山大で一番驚いたのは、夏休みにも関わらず、学生たちで図
書館がいっぱいであったことである。本学を含め日本の大学の現
状を憂慮せずにはいられなかった。3 泊 4 日の期間中、慶州を訪
問し宮廷料理も堪能した。わずかだが、隣国の歴史と文化に触れ
る良い機会となった。

　その後、蔚山大の事務局長と国際交流部長が本学を訪問、接待
役を命じられた私は、大濠公園、能楽堂、友泉亭、櫛田神社、は
かた町家などへ案内した。彼らが一番喜んだのは、なんと那珂川
市にある温泉施設であった。まさしく裸の付き合いで懇親を深め

ることができた。

　筑前黒田家の別荘である友泉亭では、本学職員で同期入職の松永文江学生課長補佐がお茶を点てて接待した。隣国では正座をするのは罪人であるとし、彼らは正座をしなかった。異文化理解である。のちに学生部で勤務した私であるが、学生部では陰にいつも松永課長補佐の存在があった。職員を前に説教や指示をしていると、課長の後ろから、大きくうなずいてくれるので、いっそう弁に力が入った。たまに彼女が首を横に倒す時は、「そうじゃないですよ。それを言っちゃ、ダメですよ。」のサインと捉え、慎重に事を進め、場合によっては、発言や方針を変更することもあった。

9.7　福岡西方沖地震と"図書館・ゼミ棟"

　平成17(2005)年3月20日午前10時53分頃、福岡県西方沖を震源とするマグニチュード7.0の地震が発生した。その日は春分の日で、遅い朝食を終え、自宅でくつろいでいたところだった。これまでにない突然の大きな揺れと大きな音と一緒に落ちてくる食器に身をすくめるばかりであった。明日は大事な卒業式である。

　大学は大丈夫だろうか。会場の第二記念会堂に被害はないかと心配しつつ車で大学に向かっていると携帯が鳴った。景山事務局長からだ。「家か？」「今、向かってます。」地震発生から40分

くらいも経っただろうか。到着すると、景山局長が一番乗りで待っていた。こんな人なのだ。

しだいに、総務課、施設課、学生課といった部署から、心配した職員が集まりだした。30 人近くをいくつかのグループに分け、建物ごとに被害状況を報告させ、総務課で把握・集約した。卒業式会場の第二記念会堂に大きな被害が無かったのは幸いだった。翌日、何事もなく新卒業生は学び舎を巣立っていった。

いっぽう、中央図書館と文系各学部のゼミナール用教室が入る"図書館・ゼミ棟"は被害が大きく、新たな建設が急務になった。

図書館は、大学創立以来充実に努め、現在蔵書数は約 205 万冊を数え、全分野にわたる豊富な文献・資料を収蔵している。平成 24 (2012) 年の創立 75 周年事業のひとつとして、2 号館（商学部棟）とともに新たな中央図書館が竣工した。

キャンパス中央に位置する中央図書館には、人文・社会科学分野の教育研究用図書・資料や雑誌、さらに新聞などが収められている。学内にある各分館・分室には、それぞれの学部の専門分野の教育研究に必要な図書・資料や雑誌などを所蔵している。また、"ヨーロッパ法コレクション"や"グリム兄弟コレクション""江戸時代九州文献コレクション"、筑豊の炭鉱札を集めた"松本一郎コレクション"など貴重なオリジナル資料もあり、これらコレクションの一部はデジタル処理をおこない、電子資料としてウェブサイトで公開している。

なお、図書館・ゼミ棟として旧中央図書館と一体化した構造にな

っていた文系各学部のゼミ室も建て替え対象であったが、こちら
は2号館に収容された。

```
┌─── コラム ⑨　語り継ぐべき美談 ───

　　福岡大学の図書館には、本学の歴史上、語り継ぐべき美談があ
　る。
　　本学の前身、福岡高等商業学校は昭和20 (1945) 年6月19日の
　福岡大空襲で約8,000冊の図書と図書館を焼失してしまった。昭和
　22 (1947) 年の学制改革により、大学に昇格するか廃校とするかの
　選択を迫られていたその時、大学昇格の条件の一つに「図書1万
　冊」があった。
　　この時、学生のほぼ全員（約600人）が「戦災図書復旧充実運
　動」を展開して活動、演劇や演奏会、バザーなどを開催し、家庭教
　師や肉体労働にも従事して資金集めに奔走した。その資金に卒業
　生等からの支援も加えて約35万円（当時）を集め図書を購入した。
　こうして本学は昭和24 (1949) 年、福岡商科大学として新制大学に
　昇格することができたのである。
```

第 10 章　教務部次長 ⇒ 教務部事務部長
― 高大連携・高大接続・高大一貫 ―

<50 歳〜53 歳 >

（平成 17 年 4 月〜平成 20 年 3 月）

10.1　年下の部長

　平成 17 (2005) 年 4 月、教務部次長（のちに教務部事務部長に
名称変更）に昇任し、三年ぶりに教務に戻った。

　私の分掌上の配下は教務課のみであるが、全学にわたる教務事
務をつかさどる立場であるため、教務課長のほかに、医学部を除
く各学部事務室長（8 人）、共通教育センターおよび言語教育研
究センターの事務室長をメンバーとする教務事務連絡会を設け
た。教務関係の連絡、指示、さらには必要な協議をおこなうため
随時開催した。

　教務事務連絡会のメンバーは、同期のひとりを除き先輩職員ば
かりで、年下の部長を困らせるためでもないだろうが、時として
反発されたり反旗が翻ったりする場面もあった。その時は、果た
してそれが学生のためなのか、さらには大学のためなのかを問い、

理解を求めて事態を収拾した。

平成 17 (2005) 年 12 月、教職員組合でタッグを組んだ商学部の今野孝教授が教務部長に就任した。心強いことこの上なかった。

10.2　出席管理システムの導入

福岡大学でも ICT の導入を全学的に推し進める組織的な「情報化推進」の体制が動きだしていた。教務部に再び異動して早速取りかかったのが「出席管理システム」の導入である。これまで学生の出席は付箋大の小さな「出席カード」を利用して確認していたが、全教室（276 室）の入り口付近に設置したセンサー（333 台）に学生証をかざすことで、学生個人の入室時刻を記録できるシステムを導入した。授業出席回数や遅刻回数など学生の修学状況をつぶさに把握でき、成績不振者への修学指導や毎年実施する本学での父母懇談会（九州各地区および東京、大阪、広島、山口、松山、沖縄では隔年開催）でもこのデータを活用することができるようになった。

システム導入後の授業への出席者は格段に増加した。静かな授業を好む一部の教員からは不満の声も聞かれるほどであった。また、学生証をかざしそのまま授業を受けない「P 逃げ」（かざすと同時にピッと音がなることから）なる新語も生まれた。

今でこそ多くの大学で同様のシステムを採用していると思うが、当時は他に先駆ける画期的なシステムであった。講演会など

では学部別年次別参加者の把握も可能になりその後の対策に功を奏した。このシステムの導入については、小原一郎先輩が日本私立大学連盟の『大学時報』第 330 号（2010 年 1 月発行）に事細かく記述されているのでぜひご覧いただきたい。

┌─ コラム ⑩　ちゃちゃっと生成 AI ──

　私が退職して間もなく、コロナ禍によってほとんどの大学でオンライン授業が実施されることになった。さらには、今や生成 AI システム ChatGPT が登場。生成系 AI ツールの利用に関しては文部科学省や各大学も対応に迫られるであろうが、興味も手伝い学生は手に入るものであれば掟を破ってでも、ちゃちゃっと GPT を利用しレポートや各種論文等を作成しようとするだろう。まずは使用する際に注意すべき要点をしっかり理解させることが何より肝要であろうと感じている。

　令和 6 (2024) 年度には新たな偽造防止技術を携えて"渋沢栄一"らが登場するが、世は更にキャッシュレス化が進んでいる。一歩外に出ればアバター接客サービスが待ち受けるような状況になるのも必至であろう。

　さて、これらを越えた新たなサービスもさらに生まれてくるだろう。それらにどこまで付いていけるものか、私の不安もすぐそこまで来ている。

10.3　前期卒業式の挙行

　毎年200人ほどの学生が、前期が終了した9月に卒業している。単位不足だけではなく、様々な理由によって通常の3月ではなく翌年度の9月に卒業することになるのであるが、数年間を過ごした大学を卒業していくにも関わらず、卒業式もなくおそらくは寂しい思いで母校を後にしていたのだろうと思う。それは、あまりにも酷すぎないか、なんとかしたい、と私は思った。

　実は私が総務課長の時に、教務課と各学部事務室の協力を得て、前期卒業生への卒業証書の交付を早めた。今度はその逆で、教務課と各学部事務室で卒業判定を早めるので、前期卒業式を挙行してほしいと、総務課に願い出たのだ。これ以降毎年、三役および関係学部長など役職者が出席して、前期卒業式が挙行されるようになった。

10.4　福岡市立4高校との連携

　教務部の担当業務に関連した過去の資料に目を通していていると平成9 (1997) 年に福岡市教育委員会と本学との間で結ばれた「教育に関する連携協定」に目が止まった。教員を目指す本学学生の教育実習をはじめとする教育指導と、学生サポータなどの小学校への支援がおこなわれてきていた。教職課程関連以外では特筆すべきものはないように思われた。

　関東・関西の大学では、高校との連携をはかる動きが出ており、本学もその観点からこの協定を生かせないかと考えた。そこで福岡市教育委員会と福岡市立4高校（西陵高校、福翔高校、博多工業高校、福岡女子高校）に呼びかけ、会合をもつことにした。市教育委員会から高等学校教育活性化等担当課長と4人の高校長、本学からは教務部長、学生部長、図書館長、入学センター長、エクステンションセンター長、および私を含む各事務部門の責任者が出席した。

　まずは、今後のさらなる連携の可能性についての懇談から始めた。本学の前身である福岡高等商業学校は、福岡市立の学校として発足する可能性があったことなども伝え、本学と市立4高校とが連携を深める意義を理解していただき、以降も毎年会合をもつことになった。これは当該4校だけでなく、本学が高校との連携を考えるひとつの足掛かりにもなった。

　この協定は平成26 (2014) 年3月の福岡大学と福岡市との連携協定に関する協定書の一部となり、教育のみならず地域の発展と人材の育成を目的に、広範な分野で一層の連携を図り多くの事業が展開されている。

10.5　七大学教務事務研修会

　福岡県内の私立大学に熊本学園大学を加えた七大学教務事務研修会が開催されている。夏休み期間を利用して、教務事務に関

する情報交換やあらかじめ設定されたテーマを議論する宿泊研修で、七大学が持ち回りで当番校となり開催した。

　7年に1度の当番校が本学に巡ってきた。本学には阿蘇くじゅう国立公園内で運営する「やまなみ荘」があるため、宿泊研修会場はこれで決まりであった。そこで、例年にないシチュエーションで開催できないものか、さらに参加者が満足するには何をすれば良いかを私は考えた。

　本学には、スポーツ科学部があり、団体指導・キャンプ実習などの専門家がいるではないか。既に退職されていたスポーツ科学部元教授の大谷善博氏に、研修会での講演ならびにキャンプファイヤーの一切をお願いした。設営準備などのために、大谷氏の下で築山泰典准教授（当時）ほか数名が裏方を担ってくれた。

　キャンプファイヤーでは私が"火の長"になり、熊本学園大学の西直美教務課長（当時、のちに事務局長）にジャンケンで勝った九州国際大学の山本智子教務統括室課長（当時）がシーツを上手く纏って女神さまに変身した。参加者たちは、ゲームや歌で仲間と心を繋ぎあい、燃え上がる炎を前に、改めて職員としての自覚と使命感をもって業務を遂行することを誓う一夜となった。

　競争相手と手を携え、互いの仕事内容や方法を教えあうなど、一般企業ではあり得ない話であろうが、ひとを育てるという共通した目的をもつ教育機関にあっては、何ら不思議ではない風土がそこにはある。

　本学の学生・生徒および教職員の教育・研究活動ならびに福利

厚生の促進に資する事業に利用することを目的に、昭和 40 (1965) 年に開業したやまなみ荘であったが、令和 2 (2020) 年 3 月 31 日をもって運営を終了し、ホテル事業を展開する民間企業に売却することとなった。

10.6　福大生ステップアッププログラム

　福岡大学は、「建学の精神」と「教育研究の理念」に基づく全人教育として、専門性を有する教養人（人らしき人）の育成を重視した教育を進めている。その一環として、「学び」、「豊かな人間性」、「社会」という 3 つの段階を通して、本学学生の人間的成長を長くサポートしていくプログラムを構築した。これは、本学職員の提案から生まれ、各事務課が育ててきたものであるが、学生の人間的成長に、教員だけではなく大学職員も積極的にかかわって支援していこうという、注目すべき取り組みであった。

　教務部では、「学びのステップ」で小冊子『福大生のための学習ナビ』を教務委員の協力を得て作成し、新入生に配付した。また、「豊かな人間性のステップ」では、『今を生きる教養講演会』を担当した。

　著名人への講演依頼は、高額の費用でプロモーターを利用すれば簡単な話ではある。しかし、教務部在任中は、講演者との交渉には私自らが当たった。山根基世氏には NHK 福岡放送局長、北野大氏には本学の脇田久信理学部教授（当時）、草野仁氏には実

兄である本学の草野尚理学部教授（当時）に、それぞれ連絡の糸口だけをお願いした。「福岡大学の山村という男から連絡があるから、よろしく。」とのみ伝えていただき、そのあとは私自身がメールを介し、学生たちが講演を待ち望んでいることを熱く伝えた。また、私の意を酌んだ大学行政管理学会会員である杏林大学職員の清水増夫氏にいたっては、金田一秀穂氏に直接交渉していただき、私の出番はほとんどなかった。只々感謝である。こうして、考えられないような講演料でもみなさん快く応じていただくことができた。講師につないでいただいた各氏には改めて感謝申し上げたい。

　一方、中には講演料を提示した途端、多忙で日程が取れない旨のメールを最後に、連絡を絶つ人がいたことも記しておきたい。

　聞けば、令和 2 (2020) 年を最後にこの『福大生ステップアッププログラム』(FSP) は取りやめているとのこと。仔細は聞いていないが発展的解体であれば幸いだ。

10.7　学校法人の拡大

　後に私が教務部を離れてからのことになるが、平成 22 (2010) 年 4 月、九州女子高等学校は福岡大学との法人合併によって福岡大学附属若葉高等学校（以下、「若葉高校」という。）となった。

　九州女子高等学校は明治 40 (1907) 年、「しろたへの 袖の別れを 難みして 荒津の浜に やどりするかも」と歌われた博多湾を

一望できる荒津山（西公園）の麓に「社会に貢献できる女性の育成」を教育目標に掲げて創立された私立九州高等女学校を出発点とする 100 年を超える歴史をもつ女子高校である。

　関東・関西の私立大学では、18 歳人口の減少により将来入学者確保が困難になることを見越し、中学・高校の附属化・系列化の動きが活発であったが、学内では九州女子高校を新たな附属校とすることには反対する声も多く、法人合併に至るまでの道のりは多難であった。ただ将来を考えれば、高校との連携が必須であることは理解され、教務部が提案していた本学独自の「高大連携」・「高大接続」・「高大一貫」の三つの形態による高校との連携強化の方針については学内でも合意をみていた。

　生徒募集に苦慮していた九州女子高等学校では、高校教育の立場から、大学教育を見据えた高校教育を構築する「高大一貫教育」に強い関心をもち、同校の福田量理事長（当時）、石田美孝校長（当時）は、本学の附属高校となることを強く希望されていた。

　福岡大学には大濠中学・高校の附属校があり、当時、両校は中学校から順次男女共学にすることが決まっていたが、高校の共学化はこれからであった。多くの女子高校生とその保護者にとって、地元の総合大学への進学の可能性が高まることは大きな魅力であるに違いない。私は九州女子高校の附属化によって独自の高大一貫教育を進めるべきであると考えたし、本学の規模からすれば、九州各県に 1 校の附属高校がほしいとさえ思った。

　九州女子高校は附属化に向けて大学側が示した諸課題に対し真

摯に取り組まれていた。社会的にも大きな影響を与える事案であるため、双方で慎重に事を運ぼうとしていたが、新聞などの報道を機に学内外が騒がしくなってきて、附属高校の実現は難航していた。

　そんなある日、私の携帯が鳴った。「山村せんせい、どうにもこうにも、動きません。どうしたらいいですか。これ以上待てません。」と、業を煮やした石田校長からであった。

　「そうですか。（一息置いて）それじゃあ、いいですか。明日、福田理事長と一緒に衛藤（卓也）学長に会って『〇〇〇〇〇〇〇してください。』とだけ、おっしゃってください。」「いいえ、それはできません。言えませんよ。これで、おしまいになったら・・・」「いいえ、これで、動きます。間違いないはずです。」

　そうした状況のなか、私は就職・進路支援センター事務部長に異動した。幸いなことに企画部長としてこの件にかかわってきた小原先輩が事務部長として教務部に異動し、附属化実現への方向性を堅持することができた。

　まったく不安がなかったと言えば嘘になるが、私の思惑通りに事が進んだ。附属化による高大一貫教育が可能になっただけではなく、法人合併により学校法人福岡大学の拡大が実現したのである。さらに、九州女子高校の前身、私立九州高等女学校の創立は明治40 (1907) 年で、本学の前身である福岡高等商業学校の創立昭和9 (1934) 年より古く、法人の歴史も30年近く遡ることになった。

法人が合併して福岡大学顧問となった福田量氏からは、「あの時は、勇気をもらった。」と、感謝の言葉をいただいた。望外の喜びである。

10.8　どうぞ。どうぞ、どうぞ。

50 歳をちょっと過ぎたくらいであったろうか。出張に向かうため、大学から地下鉄七隈線を薬院駅で降りて、博多駅までの 100 円バスに乗った。地下鉄の終点天神南駅まで乗って、天神地下街を通って天神駅で乗り継ぎ、博多駅まで行く方法もあるが、10 分近く地下街を歩かされるのにはさすがに閉口する。

バスの車内はほぼ満員で、片手にバッグを持ち吊革に掴まっていると、背中の方から声がした。

「君たちは、恥ずかしくはないのか・・・」ご老人の説教が心地よい。後ろを振り向くと、中学生であろう制服を着たふたりの少年が、座席を立とうとしている。

その時「どうぞ。どうぞ、どうぞ。」と、ご老人の声。「え、えー。わ、わたしですか? いえ、いえ結構です。」「子供たちがせっかく譲ってくれたんですから。」ご老人と少年たちに、軽くお礼を言って座席に座った。ショックだった。まだ、50 歳ソコソコなのに、席を譲られるとは・・・

ところで、平成 28 (2016) 年 11 月 8 日、七隈線延伸工事中博多駅前の道路が陥没し、当初の予定から 3 年ほど遅れたが、令和 5

(2023) 年 3 月 27 日に天神南駅と博多駅間が開通した。博多駅から福大前駅まで、所用時間はわずか 20 分になった。

第 11 章　就職・進路支援センター事務部長
― 社会人基礎力 ―

<53 歳～55 歳 >

（平成 20 年 4 月～平成 22 年 3 月）

11.1　学生のキャリアデザイン

　平成 20 (2008) 年 4 月、就職・進路支援センター事務部長に異動して、履歴書が書けない学生が多いことを知った。履歴書のうまい書き方を教示するのではなく、「学生時代にこんなことをやっておかなければ履歴書が書けない。」ことを気づかせるために、私オリジナルの「履歴書ガイドシート」を作成した。センターが発行する『キャリアデザインガイド』の裏表紙に掲載し、以下の内容を吹き出しにして示した（**図 11-1 参照**）。

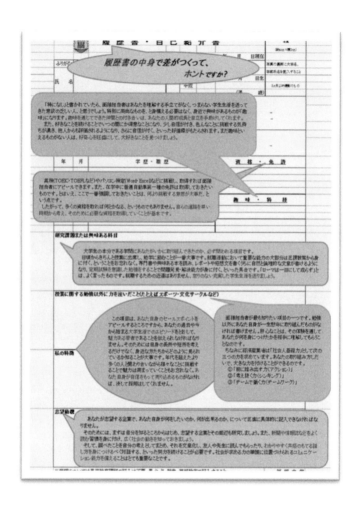

図 11-1　作成した「履歴書ガイドシート」

実物はカラー版であるが、ここでは雰囲気だけでも感じ取って
いただければ幸いである。

履歴書の中身で差がつくって、ホントですか ？

① 資格・免許

　英検（TOEIC・TOEFL など）やパソコン検定（Word・Excel）などに挑戦し、取得すれば面接担当者にアピールできます。また、在学中に普通自動車第一種の免許は取得しておきたいものです。とはいえ、ここで一番強調しておきたいことは、何より挑戦する意思が大事だ、という点です。したがって、多くの資格を取れば何とかなる、というものでもありません。自らの進路を早い時期から考え、そのために必要な資格を取得していくことが基本です。

② 趣味・特技

　「特になし」と書かれていたら、面接担当者はあなたを理解する手立てがなく、つまらない学生生活を送ってきた意欲の乏しい人、と思うでしょう。特別に高尚なものを、と身構える必要はなく、身近で興味があるものが「趣味」になります。趣味を通じてできた仲間との付き合いは、あなたの人間的成長と自立を手助けしてくれます。

　また、好きなことを続けることで、いつの間にか得意なことになり、少し自信が付き、色んなことに挑戦する気持ちが湧き、他人からも評価されるようになり、さらに自信が付く、といった好循環がもたらされます。まだ趣味と言えるものが

ない人は、好奇心を旺盛にして、大好きなことを見つけましょう。

③ 研究課題または興味ある科目

　大学生の本分である学問にあなたがいかに取り組んできたのか、必ず問われる項目です。日頃からきちんと授業に出席し、勉学に励むことが一番大事です。就職活動において重要な能力の大部分は正課教育から身に付く、ということをお忘れなく。専門書や興味ある本を読み、レポートや感想文を書くうちに自然と論理的な文章が書けるようになり、定期試験を意識した勉強をすることで問題発見・解決能力が身に付く、といった具合です。「ローマは一日にして成らず」とは、よく言ったものです。就職するための近道はありません、怠りのない充実した学生生活を送りましょう。

④ 授業に関する勉強以外に力を注いだこと

　　(たとえばスポーツ・文化サークルなど)

　面接担当者が最も知りたい項目の一つです。勉強以外にあなた自身が一生懸命に取り組んだものがなければ書けません。肝心なことは、その体験を通してあなたが何を身につけたかを相手に理解してもらうことなのです。ちなみに経済産業省は「社会人基礎力」として次の三つの力を求めています。あ

なたの取り組み方しだいで、大きな力を付けることができるのです。

1. 「前に踏み出す力（アクション）」
2. 「考え抜く力（シンキング）」
3. 「チームで働く力（チームワーク）」

⑤ 私の特徴

　この項目は、あなた自身のセールスポイントをアピールするところですから、あなたの過去や今から始まる大学生活でのエピソードをとおして、魅力ある若者であることを伝えられなければなりません。そのためには自身の長所や短所を考えるだけでなく、身近な方たちからどのように見られているか知ることが大事です。年代を超えたより多くの人と関わり合いながら様々なことに挑戦することで魅力は高まっていくこともお忘れなく。あなた自身が自信をもって売り込めるものがなければ、決して採用はしてくれません。

　学生の教育は決して教員の専権ではない。職員だからできること、職員として積極的にかかわるべきことは少なくない。「福大生ステップアッププログラム」の構築と同様、ひとを育てる使命をもつ大学職員としての業務であると、自負心をもって作成した。とは言うものの、書道部室に1日中居座っていた私を知る者がこの履歴書の吹き出しを読めば、へそで茶を沸かすに違いない。

11.2　全国私立大学就職指導研究会

平成 20 (2008) 年 4 月から平成 22 (2010) 年 3 月まで、200 校余りの大学が加盟する「全国私立大学就職指導研究会」の幹事、副会長を歴任した。

山梨学院大学で開催された役員会の際は、東京から甲府までの道のりを"あずさ"でも"かいじ"でもなく迷わず新宿からの高速バスを選択した。松任谷由実が見た風景、

「♪右に見える競馬場、左はビール工場♪ 」

を一度はこの目で見たいと思っていたからだ。

地域と大学との就職セミナーなどでは、本学の学生を求める企業などの人事担当者が本職との名刺交換を望んで列をなし、他大学の参加者からは羨望の的となってしまった。

入職して間もない頃へし折られたままだった鼻は、ほんの 2mm ほどだが間違いなく高くなった。

11.3　七隈キャリア塾

ある講演会で講演者の"大畑誠也氏"に惚れ込んだ私。教務部を皮切りに、就職・進路支援センター、学生部、附属大濠高校・若葉高校での講演会に関与しては大畑氏にお願いした。就職・進路支援センターでは「七隈キャリア塾」と銘打った講演会を新たに開催して登壇願った。また、福岡市で開催した「全国私立大学就

職指導研究会」の「企業と大学との就職セミナー」においても講演者に大畑氏を招聘し大喝采、大成功を収めた。

　大畑氏は、廃校寸前の天草東高校を立て直し、その後赴任した各学校でも独自の教育で生徒たちを指導されてきた。講演会でのカリスマ校長は、『 PowerPoint 』を使うことなく、自身で書かれた筆文字の文言・文章をホワイトボードに貼り付け、ユーモラスな熊本弁で熱血講演を毎回披露された。学生、生徒のみならず教職員にこそ聞かせたい内容である。

　ただ、氏から教わった「早起きは意志、夜ふかしは惰性。」私の理解と実践は相反したままである。

第 12 章　学生部事務部長 ①

― 学生と共に ―

<55 歳～58 歳 >

（平成 22 年 4 月～平成 25 年 3 月）

12.1　学生部の顔

　平成 22 (2010) 年 4 月、学生部事務部長に異動した。後日談だが、直属の部下となった上村憲治学生課長（企画部長など歴任）曰く、「山村部長の内示を聞いた学生課は一瞬にして凍り付きました。」と・・・

　私がそれほどまでに怖がられているとは思わなかったが、周囲からすれば、"いかつい顔"の"厳しい"、"やかましい"などといったイメージがあるのかもしれない。

　「山村さん、久しぶりの学生部ですねー。」と、ある教授。「いいえ、学生部は初めての部署です。」学内が広いため、数年ぶりに出くわすことも稀ではなく、「お久しぶりです。先生、お元気でしたかー、そのうち一杯やりたいですねー。」なんて愛想を言うと、「とてもとても、それだけはご勘弁ください。」と、いっ

た具合。私は下戸であるにも関わらず、山村は大酒飲みに違いな
い、こんな男に付き合っていたら命がいくつあっても足りない、
とでも思っているのだろう。毎年の健康診断では、初めて診る私
のお腹を見てか、はたまた顔に酒の文字が書かれているものか、
決まって「山村さん、原因はお分かりですよねぇ。」「いいえ、
お酒はまったく飲めませんよー。」「え、えー・・・」といった
医師とのやり取りが、楽しみだったりする。

　マイナスからスタートし、実際会って話してみればさほどのこ
とはなく、これまでのイメージは払拭され好感度が増していく。
"いかつい顔"もまんざら悪くもない。学生部の顔になるのに時
間はかからなかった。

　有能かつ冷静沈着な上村課長は、その後も企画部長として山口
政俊学長（以下「山口学長」という。）や私を支え続け、退職後
も株式会社福岡大学サービスの専務として活躍した。

12.2　教育寮としての「自修寮」

　昭和 32 (1957) 年開設の本学最古の直轄寮である自修寮の入寮
式に出席した。学生部長の後に寮監長の挨拶がおこなわれた。聞
けば、寮監長は本学が近年委託している協力企業が派遣した住み
込み夫妻のご主人ということであった。

　私が知る学生時代の自修寮は、入寮者は成績上位者に限られ、
寮内の規則は厳しく、先輩後輩の関係は軍隊にも似た厳しさがあ

った。今は一体誰が管理や指導をしているのか。伝統ある教育寮の現在の姿に疑問を感じずにはいられなかった。

そこで、直轄寮の自修寮・体育寮・国際交流会館それぞれに学生部委員の中から寮監長に就任していただき、行事などがある際には出席のうえ、訓示・助言をおこなっていただくようお願いした。本学学生の範となるべき人材の育成に、教職員が何ら関与していなかったことに只々驚愕した。

昭和 32 (1957) 年 6 月に竣工し、同年 9 月に当時の寮生によって「自修寮」と命名された収容定員 100 名の男子寮は、「規律的な共同生活を通じて、自治独立の精神を養い、教養を高め、人格の形成に努めること」を目的とした。その後、昭和 39 (1964) 年 5 月に収容人員 100 名の 2 棟目の北寮が竣工して収容人員を 200 名に増やしたが、都市計画道路拡張工事のため、南寮は平成 12 (2000) 年 9 月に解体され、北寮（2 人部屋から個室となり定員 46 名）のみとなった。

のちに事務局長在任中、自修寮の建て替えが進むことになるが、学生部は当初、寮費を抑えるべく食事の提供はおこなわないとしていた。また 1 年半から 2 年ほどを要する工事期間中は寮を閉鎖して寮生を全員退寮させ、竣工後に新規の入寮生を受け入れる計画であった。

報告を受けた私は、「管理栄養士によるバランスの取れた食事があるから、親御さんは安心して預けているのではないですか。寮生がいなくなる期間ができると、誰が自修寮の歴史と伝統を引

き継いでいくのですか？」と疑問を呈した。聡明な永星浩一学生
部長（当時）は、すぐさま理解と共感を示していただいた。

┌─ コラム ⑪　おはようコール ──────

　新年度開講日から約 1 か月間学生課員数名と始業時間前後の 30
分ほどであるが、正門に立ち登校する学生におはようコールを実施
した。

　新入生は「大学でもやるんだ」と思ったであろうが、在学生は突
然のことに驚いたに違いなかった。学生に爽やかな朝と元気に 1 日
を過ごしてほしい。そんな気持ちで校長先生の役回りをこなした。

　初めは気恥ずかしかった職員も大きな声が出るようになり、学生
も次第に会釈や挨拶を返してくれるようになった。

　「いいじゃないか」今朝も来ている、あいつの元気な大声とあの
子のやさしい笑顔。学生部ゆえに思いつき実施できることで、他部
署にいては発想すら及ばなかったであろう。

　私の思いに応えてくれた学生課員に感謝である。

12.3　「福西戦」応援合戦の再興

　九州六大学野球春季リーグ戦の「福西戦」（または「西福戦」）
の応援合戦に職員らと出かけた。私の学生時代に平和台球場でお

こなわれていた応援合戦とはかけ離れた光景に唖然とするばかりだった。昭和 32 (1957) 年から続く九州六大学野球の福岡大学と西南学院大学との試合は伝統の一戦ともなっており、両校の学生だけでなく卒業生や市民が、かつての平和台球場のスタンドを賑わせた。

だが、どうだ。「早慶戦」（または「慶早戦」）　同様、最終日最終戦と決まっていた「福西戦」も前回のリーグ戦順位によって日程が割当てられており、応援合戦にもかかわらず両校の観客席には閑古鳥が鳴いているではないか。

私の怒りが体を動かすのに時間は要しなかった。ライバルでもある西南学院大学の坂井啓学生部事務部長に、「このままじゃ、いかんバイ。なんとか一緒に再興させようや。」と、私の思いを伝えた。勝率で上回る本学に、「山村さんのところは良かばってん、オレんとこは、きつかー。」と坂井氏。「勝ち負けは時の運たい。負けた悔しさも青春くさー。」と私。後日、両校の学生部長、事務部長、課長の 6 人が集まって懇親会を開催、秋季応援合戦に向けて決起した。

応援のための「福岡大学」と書いたえんじ色（正確には“グーミエ色”）の幟旗と、えんじ色の応援 T シャツにスティックバルーンを新調し、学友会各部の部旗を掲げさせた。本学の貸切バス 8 台には、野球部、応援指導部（リーダー部門・チアリーディング部門・ブラスバンド部門）と応援の学生（500 円で昼食の弁当、応援 T シャツ、スティックバルーンを配付）、さらに附属高校 2

校と協定校の福岡市立4高校の希望する生徒も乗車した。両校の
スタンドは、西南学院大学が"グリーン"そして福岡大学が"え
んじ"のスクールカラーに染まった。

　時間調整の必要から、福岡市内の桧原球場で試合があった際は
球場近くのもーもーランド（油山牧場）でのひと時を過ごして応
援に向かった。小郡球場の時には九州国立博物館に貸切バスを横
付けし、私が教務部にいた際に提携したキャンパスメンバーズの
特典（平常展＝無料、特別展＝割引料金）を利用して学生全員を入
館させ、応援に加えて文化と歴史に触れる機会を設けた。

　ところで、団員が入部せず、長い間有名無実となっていた本学
の応援団であったが、自修寮に入寮した藤田大輝君がたったひと
りで活動を再開し「福西戦」の大応援団を率いた。藤田君は入寮
式の自己紹介で、「応援団を復興し、卒業後は法科大学院に進み、
法曹の道を目指したい。」と語っていたが、寮生を中心に団員を
募って応援団の再興をはかり、演武会も立派に成功させ、卒業式
では学長賞を受賞した。さらに法科大学院を経て見事司法試験に
合格、現在弁護士として活躍中である。これだけの人材を輩出で
きる土壌が福岡大学にはあることが実証された。

　また、九州国際大学との優勝決定戦が大牟田市の延命球場でお
こなわれた際には、応援指導部に加え、九重からの帰路にあった
「野外キャンプ」の一団と、熊本から戻る途中の「体育会研修団」
が大牟田で合流して応援に参加するという離れ業を学生課員が
やってくれた。私にとっては愉快極まりない、正に至福の時であ

った。

　早慶戦同様、全国放送ではないにしても、在福のテレビ局には中継を願いたいものだ。なお、九州大学サッカーリーグや全日本大学ラグビーの応援にも九州六大学野球同様、貸切バスで学生たちと応援に駆け付けた。

12.4　全国大会出場選手壮行会・凱旋報告会

　学生の頃の記憶では、九州インカレに出場する本学選手の結団式を学内でやっていた。ならば、昼休みの時間を利用して、全国大会に出場する選手の壮行会を学生が行き交うキャンパスでおこなえば、士気も高まるに違いないと考えた。

　選手が勢揃いし、ブラスバンドのファンファーレが鳴る。学長の挨拶の後、各部の主将が抱負を述べ、応援団とチアリーディングがエールを送り、ブラスバンドに合わせ全員で校歌を合唱する。熱くなるのは私だけではない。ざっと 500 人くらいはいるだろうか、多くの学友が見守る中、大学の威信と誇りに賭けて、競技に挑むことを心に誓うのである。

　　「♪何で負けらりょ　負けられましょか

　　　　　　　　七隈原頭で鍛えた腕だ♪」

　がんばれ。活躍次第で凱旋報告が待ってるぞ。

12.5　1 パーソン 1 サークル

　学友会が毎年実施する新入生歓迎ピクニックは壮観だ。1,000 人もの学生が 40 台もの貸切バスで大移動するのである。ステージ上では、先輩学生が新入部員を獲得しようと、様々なパフォーマンスを披露する。

　学生時代に"いろいろな力"を付けるためには、正課以上に正課外活動での経験が大きな力を発揮するものと私は考える。たとえ公認の部活でなくとも愛好会などのサークルで揉まれることは、大きな力となるはずである。

　そこで私は「1 パーソン 1 サークル」のスローガンを掲げ、部活動はもちろん同好会や愛好会など本学に 200 ほどあるサークル活動への参加を推奨した。

　協調性や行動力、多面的な能力と豊かな人間性を培う課外活動に、全学生の 36％の 7,000 人（当時）ほどが参加している。約 59 万 m² の敷地に 20,000 人ほどが学ぶキャンパスでの自分探しほど難しいものはない。そのためにも、サークルの一員となり、自己の存在を確立してほしい。自信を携えた学生の活力こそが大学の力である。

12.6　リーダース・トレーニングキャンプ

　学術文化部会傘下の各部役員の研修会である。「夜須高原青少

年自然の家」でおこなう研修会に学生部長が所用で出席できないと言う。

　"ふつう"ならば学生部委員の中から代理をひとり選んで、簡単な挨拶をお願いするのだが、学生時代に研修生として1回、研修グループを導く議長団のひとりとして1回、合わせて2回参加したという思い入れがあるリーダース・トレーニングキャンプである。ここは私の出番、とばかりに買って出ることにした。

　課外活動の大切さ、役員としての自覚と責任の在り方、学生の活力こそが大学の力となることなど、私の熱い思いをエネルギッシュにぶちまけたキャンプ開始直後の30分間であった。

12.7　呆れた野外キャンプ

　学生部に異動して呆れ返ったことのひとつに野外キャンプがあった。学生課で希望者を募り、夏休みに九重のキャンプ場で1泊2日を過ごすのである。私は初めての参加であった。当日の朝、貸切バス4台の周りに学生たちが徐々に集まって来た。

　学生課員は慌ただしく動き回り、とても忙しそうだ。職員が点呼を取ると、なんと半数近くが来ていないと言うではないか。あり得ない話である。貸切バスを1台減らして出発した。

　キャンプ場に到着した。学生がタバコをくわえたまま、若い職員に話しかけているが、注意しようともしない。「今年は、酒は出ないんですか？」と学生が私に訊ねた。もってのほかである。

持参したバーベキューの食材を大量に廃棄する様子には呆れて
ものが言えない。職員が教育機関の役目をまったく理解していな
い。これが現実だった。

　職員には帰学後直ちに次年度開催時の対処法として次の3点を
指示した。

　①参加費を有料にする

　②無断欠席者には返金しない

　③事前教育をおこない、食器などを分配し当日持参させるなど、
　　責任と役割を与える

　また、以前七大学教務事務研修会で協力をいただいた団体指
導・キャンプ実習などの専門家であるスポーツ科学部の築山准教
授を訪ねた。

　翌年以降の野外キャンプは、無断欠席者もなく、野外でのゲー
ムなどをとおして仲間を信頼することの重要性や強調性の大切
さを学び、カレーライスコンテストや夜間プログラムにも挑戦し
た。これまでの呆れた野外キャンプは、私が目論んだ教育プログ
ラムに大変身を遂げた。

第13章　学生部事務部長 ②
― すべては学生のために ―
<55歳〜58歳>
（平成22年4月〜平成25年3月）

13.1　ボランティア「福岡大学派遣隊」

　東日本大震災の発災以降、学内でも日を追うごとに学生たちから「被災地へボランティアに行きたい。」との声が出始め、その機運も高まってきた。参加希望者を対象に新たに東日本災害ボランティアのためのセミナーを数週間にわたり実施した。

　夏休みを利用して学生と教職員の100名ほどが仙台に飛んだ。私が名付けた「福岡大学派遣隊」である。野球場のスタンドでも活躍した"えんじ色"の応援Tシャツを着た学生たちは、汗と泥にまみれた大活躍だった。

　時を経て、令和4(2022)年度は「夏期セミナー」に転じ、被災地を訪問して、被災地の学生たちとのグループワークなどで防災意識を高めたようだ。

13.2　定期演奏会の珍事

応援指導部ブラスバンド部門の定期演奏会が近づいたある日、本学野球部出身の若手学生課員に尋ねた。「定期演奏会には、野球部から聴きに行くんかい。」「えっ・・・、行ってません。」大方そんなことだろうと思った。

「なんで？」と、私。「（無言）」「はぁ～、暑かろうが寒かろうが、風が吹こうが雨が降ろうが、応援してくれるんじゃ、無いんかい。」（なにゆえか、広島弁）「（無言）」「神宮（球場）まで行って演奏してくれるんやろうが。『行ったことがないっ。』そりゃあ、いくらなんでん、恩知らずバイ。そんなら神宮に行っても勝つわけがなか。そげん思わんか。」「はっ、はいっ。」「監督ば、呼んじゃってんしゃい。」（博多弁）

その日のうちに監督が来た。

定期演奏会の当日、会場内を見渡せば、ガタイが良い学生が所狭しと並んでいる。やや異様な雰囲気となったことは否めないが、"大事な何か"を学んでくれれば、それで良し。いやはや愉快である。

13.3　卒業アルバム間一髪

卒業アルバムは毎年、学生団体のアルバム委員会が作成している。前年度のアルバムを開いた私に"衝撃"と"怒り"の炎が交

差した。見るに堪えないのである。私の頃の卒業生アルバムは、学生服姿でキチンと写真に納まっていたものである。

　今日に至っては学生服でないのはむしろ当然の感はあるが、卒業生がひとりではなく、そのほとんどが友人らと複数人で写っていて、中には破廉恥極まりない"格好"や"しぐさ"をしており、とても看過できる状況ではなかった。当人だけではなく、恥をかくのは多くの卒業生である。家族や知人にも見せられたものではない。

　すぐさま課長らを呼び付け、怒りも顕わに今年度の作成状況を聞けば、内容はすべて学生に任せていると言う。問い合わせてみれば、撮り直すにしても明日がタイムリミットだと言うではないか。本学の卒業アルバムにふさわしくないと思われたいくつかをピックアップさせ、撮り直しに応じなければ削除する旨を伝えるよう指示した。その結果、取り直しができなかったものは本人の同意を得たうえで卒業アルバムから削除した。間一髪のセーフであった。

13.4　公開入団記者会見

　これまで本学は、プロ野球球団への入団やＪリーグチームへの加入の記者会見を会議室などの閉じた場所でおこなっていた。違和感があった私は、学生がよく利用する 60 周年記念館を会場にするよう指示した。

テレビでよく目にする光景が、学生のすぐそばで繰り広げられるわけで、多くのテレビカメラやクルーの慌ただしい動きも目に入る。その臨場感は、そこにいた学生の記憶にずっと残るはずである。

「あいつの入団会見、すぐ傍で見よったもんねー。」と。ちょっとしたエピソードが、将来にわたってプライドをも 擽（くすぐ）りかねないのである。

13.5　学長賞の創設

卒業式において、学業成績が良い学生は総代として答辞を読み、学部総代として各 1 名が学長から直接卒業証書を授与される栄誉にあずかる。しかるに、正課外活動でどんなに優秀であっても、卒業式でその栄誉を称えられることはなかった。

総務課長当時、学生部に考えてはどうかと提案するも、何ら動きはなかった。学生部に異動したことが功を奏し、一気に実現に向けて走り出した。

初めての学長賞には、体育部会からは阪神球団に入団が決まった硬式野球部の “梅野隆太郎” と名古屋グランパスに加入が決まったサッカー部の “永井謙佑” が選ばれ、学術文化部会からは読売書法展で秀逸と特選、全日本高校・大学書道展で、大賞（4 年連続）を受賞した書道部の “福徳亮” が選ばれた。卒業生と御父母が見守る中、彼らに学長賞が手渡された。

13.6　指定寮火災

平成 24 (2012) 年 12 月 21 日未明、就寝中に松永学生課長補佐からの電話が鳴った。「指定寮の○○荘が火事です。」取るもの取り敢えず現場に駆け付けると、数台の消防自動車が寮を囲むように止まっていた。

本学指定の女子寮の寮母が「1 階で布団が燃えている。」と 119番通報。約 3 時間半後に鎮火したが、木造 2 階建ての建物（延べ床面積約 300 平方メートル）を全焼し、本学 1 年次生の寮生ひとりを失うこととなった。

亡くなった寮生は陸上競技部に所属し、10 月に仙台市でおこなわれた全日本大学女子駅伝では 1 区の走者として出場した有力選手だった。本学が直接運営する寮ではないが、一定の要件を満たした福岡大学指定寮の火災で若い命が奪われてしまった、痛恨の極みである。

この火災を受け、元日を除き連日早朝から深夜まで、学生課員がしなければならないことは山ほどあった。被災学生および部員等の精神的ケアにはふたりの臨床心理士がフル回転で対応した。

・全焼した女子寮と放水を浴びた隣接の指定寮（女子寮）に居住する被災学生の宿舎確保
・被災学生への一時金即時支給と見舞金支給
・学内外からの支援物資の振り分け
・教科書などの教材確保と提供（教務部が協力）

・寮主、寮母に対する事情聴取
・火元の女子学生および同夜同室に寄宿した女子学生の事情聴取と指導
・火元の学生らが所属する部員全員の事情聴取と同部の指導
・福岡大学指定寮「寮和会（寮主会）」への事情説明と指導
・亡くなった寮生のご遺族への謝罪と損害賠償金の取りまとめ
・その他

　本学の長い歴史の中にあって、未曽有の災禍となった指定寮火災であったが、被災学生の修学ならびに学生生活に支障がないよう、学生課の職員は昼夜なく目覚ましいほどに働いた。また、多くの教職員と学生が学友の支援のため、物資の提供や義援金を募り、ボランティアとして動き回った。これこそが福岡大学の力であり、"福大人"の心に相違ない。

　ある日、義援金を手に、教職員組合の委員長（当時）であるM教授が私を訪ねてきた。とても有難いことではある。しかし、私はトーンを上げて言った。

　「こんな金はいらん。『組合新聞』には何て書いてあったですか。『指定寮火災について、大学当局を問いたださなければならない。』何を問いただすんですか。私がどんだけ学生課員を酷使し、残業させていますか。組合が心配せんといかんのは、疲労困憊しとる組合員でもある学生課員のことじゃ、ないとですか。」

　組合委員長から、すぐさま謝罪があった。

　「皆さんのお気持ち、有難く頂戴いたします。」私はあらため

て謝意を表した。

火災の直後から、誠心誠意、遺族に寄り添い続けたK監督と野田堅三学生課員（現広報課長）には特に敬意を表したい。数年後、ご遺族から陸上競技部（長距離女子）にマイクロバスが寄贈された。

「山村やけん、これだり困難な壁が立ちはだかっとるったい。越えられるとは、あなたしかおらんとよ。ほかの誰がやっても乗り越えられはせんよ。」小原先輩の過分なる言葉に、目頭が熱くなった。

13.7　エトセトラ、エトセトラ

わずか3年間の学生部での職務あったが、他部署とは比較にならないパワフルかつエネルギッシュな毎日であった。20,000人もの学生がいれば、事件・事故も少なくはない。その都度対応を迫られる。有能な課長らのリーダーシップと、精力的に動き回ってくれた職員の存在には感謝である。改革・改善のアイデアも、うまく機能していくためには職員の力なくしては実現できない。

さらに職員からは、「部長、〇〇〇をしたいんですが、いいですか？」と、以下のような積極的な提案がどんどん出てくるようになった。職員力の向上が目覚ましかった。

・防犯ボランティア「ななくま元気にするっ隊」の結成

・学生保険部会主催「ワンコイン朝食」の提供

・指定寮合同入寮式
・新たな奨学制度の新設
・奨学金未返還者対応
・ロンドンオリンピック・男子サッカーのパブリックビューイング
・市立高校と福岡大学のジョイントコンサート
・クリスマスコンサートの開催

などなど

第14章　大学院担当事務部長
─ 構想そして封印 ─
<58歳〜61歳>
(平成25年4月〜平成28年3月)

14.1　予期せぬ人事異動

　平成25 (2013) 年4月、大学院担当事務部長に異動した。学生部で水を得て縦横無尽に泳ぎ回った私であったが、比較的地味で閑職とも言える部署への異動である。教務部、就職・進路支援センター、学生部に次いで4つ目の部長職である。幸い部長への昇任が早かったこともあるが、4部署で部長を務めた職員は、私のほかには知らない。

　しかし、私自身、大学院が部長職を必要とする部署かどうか疑問でもあった。事実、着任以来、先輩職員である課長が切り盛りすれば十分に機能できる部署であると日々感じていた。

　結局のところ、いわゆるコースから外された、ということであろう。気負わず、自然に身を任すことにし、以下のような課題に注力した。

・博士課程の給付奨学金の創設
・学際リサーチプログラムの開設
・大学院表札の設置
・大学院特別選抜研究員の創設
・大学院教育・研究支援部会の創設
・類似度判定ソフトウェアの導入

14.2　大学図書館の利用

　大学院は新しい中央図書館の 6 階と 7 階にあり、6 階の部長室は広く、窓際に目をやれば庭園の緑と季節の草花で覆われている。学内広しと言えども、これほど素晴らしい環境はない。

　出勤時には運動のために 6 階まで階段をよく利用した。エレベータで 4 階に下りれば、図書館に直結している。図書館が所蔵するすべての書籍の書誌情報はデータベース化されており、端末からリクエストすれば、数分後には受け取れるといった具合である。

　さすがにイザヤベンダサンは借りないにしても、大学院での 3 年間の読書量はこれまでにないものとなった。城山三郎の経済小説が好きで、『小説　日本銀行』ほか数冊を借りては読み、日本人こそ読むべき新渡戸稲造の『武士道』などを読み返す機会を得た。

　もし、若い頃に図書館勤務であったならば、間違いなく本の虫になっていただろう。

14.3 　大学評価分科会委員

平成 25 (2013) 年 4 月から平成 27 (2015) 年 3 月の間、大学基準協会・大学評価分科会委員を務めた。

基準協会から送られてきた審査対象大学の莫大な資料（段ボール 2 箱分）を読み込み、実地視察に臨んだ。資料を読む時間が取れる部署にいたことは幸いであった。

本学のことはとりあえず棚に上げ、厳しく評価をおこなった。

14.4 　市立大学構想

これまでが嘘であったかのように時間に余裕ができると、いろいろ考えを巡らすことが楽しくなった。数ある大学の中で、果たして本学の存在価値は、如何様如何程のものだろうか。

九州での存在感はそれなりに有していると胸を張りたいが、国公立の授業料が安い状況下では大学進学希望者に経済的なメリットを訴求することはできない。私立大学のなかでみても、マスコミは関東・関西の有力大学を取り上げることが多く、関門海峡を越えて進学しようとする若者を引き留めるすべもおのずと限られてくるだろう。万一、本学が立ち行かぬ状況に陥ろうとしたらどうすべきか、私は考えた。

現在では政令指定都市は 20 市にのぼるが、昭和 46 (1971) 年 8 月の政令第 276 号までに指定された 9 都市（大阪、名古屋、京都、

横浜、神戸、北九州、札幌、川崎、福岡）のうち、福岡市以外の
8都市にはすべて市立大学が存在した。

　そもそも、福岡大学の前身である福岡高等商業学校の設立〔昭
和9(1934) 年〕には、「山口や長崎に高商があって、なぜ福岡に
ないのか、福岡にも高商を」との福岡市議会の要請があってのこ
とである。

　「福岡市長、市立大学はいりませんか。大学病院と高校に中学
校も一緒にいかがですか。『福岡市立福岡大学』となれば、運営
交付金も手に入るでしょうし、授業料も安くしていただけるでし
ょう。さらに優秀な学生が集まり、ほかの国公立大学に引けをと
ることもありませんよ。」

　私が市長であれば喉から手を出すに違いない。ただ、事務局長
就任後は“このゆびとまれ”と言うわけにもいかず、構想の一切
を封印することにしたが、まったくあり得ない話でもないだろう。
こんなことを考えたりしていた。

第 15 章　常務理事・事務局長　①

― Active 福岡大学 ―

<61 歳〜65 歳>

（平成 27 年 12 月〜令和元年 11 月）

15. 1　事務局長就任

　昭和 31 (1956) 年 4 月 1 日の福岡大学初代事務局長鳥巣時雄氏
就任から時を経ること 59 年 8 か月、学内選挙によって選出され
た山口学長の指名を受け、平成 27 (2015) 年 12 月 1 日、第 15 代
事務局長 （常務理事） に就任した。学生数約 20,000 人、教職員
数約 4,000 人（うち事務職員約 600 人）を擁する組織の事務職員
のトップであり、学長・副学長と並ぶ大学三役のひとつである。

　企画、総務、人事、財務、施設、教務、医学部、大学院、学生、
図書館、研究推進、情報基盤センター、入学センター、国際セン
ター、就職・進路支援センター、事業、各部の部長 16 人、2 つの
大学病院と 2 つの附属学校の事務長の 4 人、合わせて 20 人の部
長・事務長が部長会に名を連ね、50 数名の課長・室長が現場を仕
切る。これが福岡大学を支える職員の管理職である。

15. 2　Active 福岡大学

　山口学長は、就任後直ちに“魅力、活力、勢いのある大学”を目指す“Active 福岡大学”を提唱した。分かりやすい文言とインパクトあるロゴマークを作成、学内外の認知は期待以上に浸透していった。

　地下鉄七隈線天神南駅に掲出した大きな電照広告は、単なる受験生確保のための策ではなく、通学する学生たちへの大きなサポートメッセージでもあった。

　早々に 3 つのポリシーと呼ばれるアドミッション・ポリシー、カリキュラム・ポリシー、ディプロマ・ポリシーをまとめた。

　文部科学省の平成 29 年度“私立大学研究ブランディング事業”の世界展開型(タイプ B)に九州で唯一本学の事業が採択された。

　平成 29 (2017) 年 7 月、『大学通信』が全国の高校教諭を対象として実施した「生徒に人気の大学　トップ 100 ランキング」で本学は第 6 位、九州・山口地域の私立大学では 1 位を獲得した。

　平成 29 (2017) 年 7 月に若葉高校の男女共学化を決定した。さらに翌年 4 月には福岡大学の 3 番目の病院として、福岡市医師会から経営を譲受し福岡大学西新病院を開業した。こうして Active な大学運営を目指した。

15.3　社長兼務

　事務局長は、株式会社福岡大学サービスの社長を兼務する。事業は、(1) 旅館・ホテル、(2) 書籍・文房具及び雑貨小売業、(3) 各種食料品小売業、(4) 医薬品小売業、(5) 不動産賃貸業、(6) 駐車場業などである。これらで得た収益は大学へ毎年寄付をしている。

　始業前の 30 分程度を使い、月 1 回の売上報告と次月発注予定報告をおこなうという。月 1 回の 30 分程度で何がどう分かるのか。まったく理解できなかった。そこで終業後にたっぷり時間をとり、状況把握や社内外の問題に取り組んだ。もちろん収益事業にも力を注いだ。

15.4　コブシのイルミネーションと
桜のライトアップ

　学生がやっているのだろう、クリスマスが近くなると申し訳なさそうに樹木に飾り付けがされる。学生たちのささやかな気持ちを大切にしたかった。クリスマスに限定する必要もないし、天神や博多駅のような豪華さはいらない。1 本でいい。

　多くの学生が通る間近で、輝きを放つにふさわしい樹木を探した。専門家は、私も訪れた韓国の蔚山大学校から記念に贈られたコブシの木を選び、気品ある白色のイルミネーションに仕上げてくれた。

　気を良くした私は施設課員とキャンパス内を巡ってライトアップに適する樹木を探し、数多くある樹木の中から文系センターの階段近くの桜の大木を選定した。夜空に浮かぶ大木の桜は遠くから見ても、また近くから見上げても見事で、多くの学生や教職員を楽しませたに違いない。

　私の退職後はコブシの木も大木の桜も輝くことはないらしい。わずかな経費削減とでも言うのか。わびしい限りである。

15.5　入学式・卒業式

　従来から入学式と卒業式では、応援指導部（ブラスバンド部門）とメール・ハーモニー部（男声合唱団）、それにプレミエールコール（混声合唱愛好会）が、格調高く厳粛な式典の演出に欠かさず協力してくれていたが、これに応援指導部のリーダー部門とチアリーディング部門の 2 部門を加えるよう指示した。これまでの式典に華やかさと力強さが加わり好評であった。

　私は翌年、和太鼓部「鼓舞猿」を加えるよう学生部に指示した。さらに式典に豪壮華麗な演出が加わった。そしてフィナーレにはキャノン砲による銀打ちで色とりどりの紙吹雪が舞い降りる。学生と観覧席の御父母で埋め尽くされた会場は、興奮の坩堝と化した。何より、学生の手による学生のための式になったことの意味と意義は深い。

コラム ⑫　管理職とは

　管理職になって以来、私自身「管理職」であることを意識しながら日々の業務に当たってきたわけではなかったが、これを機会に管理職に必要と思われる考えや行動を以下に列記してみた。上司に対する評価項目としてではなく、自らの指標としてご覧いただきたい。

・目標達成のために行動する

・部下の育成を常に意識する

・問題や課題解決の発見に努める

・ひとつ上位役職の立場で考える

・自らがキーマンとなるかキーマンを多用する

・責任は取るものではなく取らない手段を講じる

・方針と方向性は早期段階で示す

・判断と結論を先送りしない

・コミュニケーション能力を生かす

・強い意思と行動力で組織を鼓舞する

・リーダーシップの発揮で組織を牽引する

・高い志と強い責任感を持つ

・気概を持った使命感を持つ

15.6　6月の人事異動

　どの部署も年度末・年度始めは大忙しである。中でも私が所属したことがある会計課では決算業務で、また教務部では卒業判定や新入生・在学生の履修登録など開講準備で大わらわである。

　そこで、4月に限定していた人事異動を、役職者以外の職員については新年度の業務が落ち着く6月1日付の発令に変更し、繁忙期の異動による業務の混雑を回避した。

15.7　職員採用試験の東京会場開設

　例年、人事部は事務職員採用に頭を抱えている。予定数を採用することができないのである。学生は合格を勝ち取るために準備して臨むものの、選考する大学の目は厳しい。ふるいに掛けて良い人材を確保しようと必死なのである。

　以前、立命館大学では良い人材を確保するために、東京でも採用試験をやっていることを聞いていた私は、人事部に東京での採用活動と試験会場の開設を指示した。本学卒業生の採用が少なくなることを危ぶむ声もあるが、広く優秀な人材を求めなければ、これまで以上の発展は望めまい。

15.8 LED 電照サイン

昭和 59 (1984) 年の創立 50 周年を記念して建設した 16 階建ての文系センター棟は、のちに移築した正門とともに本学の象徴的な建造物のひとつになっている。真っ白いタイル張り、その最上部は、設備を収めた黒い屋上ルーバーに囲まれているが、これがアクセントになって、<ruby>瀟<rt>しょうしゃ</rt></ruby>洒で理知的な印象を与えている。

近隣に高層の建物がないため、かなり遠くからでも目にすることができる。しかし当然のことながら、福岡大学を知らない人にはこれが本学の建物であることは分からない。

事務局長になって、やりたいことはいくつもあったが、そのひとつが文系センター棟に大学名の電照サインを掲げることであった。

教務部にいたころ、文系センター棟の屋上に電照サインをつけるといいのでは、というささやきが耳に入り、それがずっと気になっていた。道を隔てた大学病院のビルには、夜間には照明が点く「福岡大学病院」の表示があった。病院だけではなく大学も昼夜活動を続けている。

山口学長の了承を得て企画運営会議に提案した。大学協議会で電照を設置することを聞いた N 教授は、怪訝そうに「いったい、いくらぐらいかかるんですか?」と。「後でコッソリお教えしましょう。」と笑って私はその場を濁した。

文系センター棟の最上部、南北両面の右端 2 か所に、LED 照明

の「福岡大学」が輝いている。昼夜分かたず福岡大学の存在を学
外にアピールしているが、夜間に柔らかく白く浮かびあがった電
照の「福岡大学」は、学内から見上げると学生や教職員の帰宅を
見守っているかのようである。

　後日、N 教授からは、「アレはいいですね。」とのお褒めのこ
とば。当然である。

第 16 章　常務理事・事務局長 ②

― 地域とともに ―

<61 歳～65 歳 >

（平成 27 年 12 月～令和元年 11 月）

16.1　山笠のあるけん博多たい

　私が、いわゆる '山のぼせ' となったのは、ここ数年のことである。ある会合の二次会で卒業生らとの懇談中、博多山笠〔平成 28 (2016) 年 12 月 1 日ユネスコ無形文化遺産に登録〕が話題にのぼった。「来年は、学長を乗せちゃらんですか。」と私。「えっ、学長ばねぇ？　俺んとこは社長ば乗せるごと決めたばっかりたい。」と、ある企業の会長職の卒業生。既に就寝中の附属高校の卒業生を電話で叩き起こし、「あんたんとこの枠は、あるな？」「・・・」「ほんなら、福大の学長に、乗ってもらうけんな。」と。その夜のうちに、7 月 13 日の「集団山見せ」に山口学長の台上がりが決まった。

　博多祇園山笠振興会の第 10 代会長豊田侃也氏に挨拶に伺った折り、会長によれば「760 余年の歴史上、大学の学長が台上がりし

たことはない。」とのことであった。

　山笠には"表"と"見送り"（裏とは呼ばない）がある。なんとしても学長に"表"に乗っていただくため、学長をお櫛田さん（博多総鎮守櫛田神社）の節分の豆まきに送り出し、私も酒を下げ、幹部が集まる「直会」（なおらい）に出かけたりした。「集団山見せ」の"台上がり"のメンバーが新聞紙上で発表されると、各方面からのお祝いが相次ぎ、学長室は祝の酒と胡蝶蘭でいっぱいになった。皇紀 2679 年 7 月 13 日、本学の山口学長が見事 4 番山笠　大黒流れ（総務・古門戸町二区、町総代乾健氏）"表"の"台上がり"を務めた。

　学長の台上がり決定から 7 月 15 日の「追い山」までの間、私の構想を理解していただいた大黒流れの皆さんのご協力により、新たな教育プログラム「福大生が学ぶ博多祇園山笠の伝統と歴史」を福大生ステップアッププログラムの一つとして立ち上げて実施した。事前学習（5 月上旬～7 月 15 日）を含め、博多祇園山笠の伝統と歴史を学び、団結力、コミュニケーション力、礼儀作法などの人間性の向上を目指した。希望する学生には実際に山を舁か
せ、山笠の伝統で舁き山に参加できない女子学生と体力に自信がない男子学生は座学の教養コース、さらに女子学生には博多の"ごりょんさん"を「直会」で学ぶ機会も設けた。留学生も参加して新聞などでも取り上げられた。最近は新型コロナウイルスの影響で博多祇園山笠の祭り自体が中止されたり、大学としても感染拡大防止のために実践を控え見学と座学を中心にしたりと変更

を余儀なくされているようだが、現在もこのプログラム自体は継続されているようだ。

　令和4(2022)年7月15日、まだ夜が明けぬ4時59分、大太鼓の合図とともに一番山笠の"恵比寿流"が怒涛のごとく"櫛田入り"した。一番山笠だけに許される"祝いめでた"を唄い、清道旗を回って、博多市中（約5km）を駆け抜けた。山笠のあるけん博多たい。

┌─ コラム ⑬　集団山見せ ─────────────────

　舁き山（かきやま）が博多部を越えて福岡中心部に渡る唯一の日が、13日の「集団山見せ」である。

　その名の通り、7つの流れすべての舁き山が一堂に会し、福岡市役所前の桟敷席を目指す。「集団山見せ」で台上がりができるのは、県知事、市長、福博の地場企業の役員、大手企業の支店長およびスポンサーなどである。

　本来、博多部の狭い地域のお祭りなので、町内の子どもたちがお世話になっている小学校や中学校の校長先生が台上がりをすることもある。大手企業の福岡支店長などは、台上がりに与れるため、福岡への人事異動を喜んでいるとか・・・

└──────────────────────────────

16.2　油山逍遥

　古田龍夫書道部長（福岡大学名誉教授）の後任で長く書道部長
を務めていただいた小西高弘福岡大学名誉教授（元経済学部長）
が、退職後も時折ではあるが本学に私を訪ねてみえた。本学の卒
業生でもあり、母校を想う気持ちが深く、常に本学の状況を注視
し憂慮されている。

　ある時、「こんな詩を作ってみたよ。」と、見せていただいた。
僭越ではあったが韻を踏ませて、若干加筆修正させていただいた。
応援団の藤田君を指導した応援団 OB の川野耕氏（現福大病院事
務長）に見せたところ、ブラスバンド部門の学生がメロディを付
けてくれ、応援団の演武会でも披露してくれた。

油 山 逍 遥　　　　　作詞　小西高弘

油山　見おろす広陵　白亜の殿堂

　　　　法文経商若人は　学際とおして　知性を学ぶ

学び舎に　灯りがともる　白亜の殿堂

　　　　夜学に通う若人は　眠さをこらえ　真理を学ぶ

七隈の　丘にそびえる　白亜の殿堂

　　　　理工を学ぶ若人は　日進月歩の　科学を学ぶ

烏帽子池　水面に映える　白亜の殿堂

　　　　医薬を学ぶ若人は　生命の尊厳　医療を学ぶ

玄界を　北西に望む　白亜の殿堂

　　　　　アスリートたる若人は　文武の伝統　健全を学ぶ

筑紫野の　大地に根差す　白亜の殿堂

　　　　　誇り気高き若人は　学びて倦まざる　福岡大学

　令和 5 (2023) 年の小西先生の年賀状には「100 周年記念で、私
案を作りました。コロナが終わったらお会いしましょう。」と書
いてある。昭和 13 (1938) 年 1 月の生まれなので、御年 85 歳、ま
すますお元気だ。

　なお、小西先生の退職後、書道部長を青木文夫人文学部教授に、
さらに平成 31 (2019) 年 4 月からは教育支援開発機構の須長一幸
准教授にお願いして就任していただき、部員の指導を担当してい
ただいている。

16.3　九州経済フォーラム

　ある日、一般社団法人福岡県中小企業経営者協会連合会の事務
局から「九州経済フォーラム」の理事就任の承諾書を送るので、
捺印して返送してほしいという依頼があった。突然のことではあ
ったが、頭をめぐらすと、同会長の小早川明徳氏〔昭和 43 (1968)
年福岡大学卒〕の顔が浮かんできた。

　「小早川さんからの推薦ですか？」「（無言）」「まぁ、いい
です。了解しました。」

　小早川氏には私の執務室で一度だけ会ったことがあった。その

時の本題ではなかったが、私が考案して総務課で作らせたものを、ずいぶんと気に入っていただいたことを覚えている。「こりゃあ、良か。持って行っていいね？」「どうぞ。どうぞ、どうぞ。」と、多分言った。

　私が考案したものとは、祝電で使う本学独自の台紙を作成し、希望すれば個人・団体を問わず、いろいろな祝賀シーンで福岡大学長名の「メッセージ」を届けることができるというものである。特段急ぐものでなければ、この台紙を使用し、郵便を利用して安価で届けることもできる。学内各部署には部長会を通じ、高校や取引先企業で祝い事がある際には、積極的に利用するよう通達した。それこそ、小早川会長のところであれば、傘下の企業も多く利用価値は、相当にあると思った。

　さて、小早川氏が創り育てた九州経済フォーラムであるが、現在は理事長職を後進に譲られたようである。フォーラムは、道州制導入の研究並びに推進、産学官の融合ネットワークの構築、九州・沖縄地域の広域連携交流の推進、九州の 21 世紀型産業経済の育成、アジア各国との経済並びに文化交流の推進、九州文化の確立と九州人の養成、在九州の各省庁機関関係者との交流、九州の次世代を担う人材育成および交流、といった九州経済界の活性化をはかる多くの事業展開の推進を掲げ、福博の経済人が中心となって活動している。

　九州経済フォーラムでは、会長である石原進氏（九州旅客鉄道元社長）をはじめ福博の政財界の多くのリーダーと交誼の機会を

得た。

　小早川氏から、理事会のメンバーに卓話をしてほしいとの依頼
があり、山口学長が提唱した"Active 福岡大学"と題し、私がこ
れまでやってきた福岡大学での改革の一部を『PowerPoint』を使
ってユーモア交え話をした。

16.4　附属若葉高等学校の改革

　平成 22 (2010) 年 4 月、晴れて本学の附属校となった九州女子
高校は、福岡大学附属若葉高等学校として新たな歩みを始めた。
ポートフォリオを生徒自らが記録して高校 3 年間の生活を管理す
る「若葉フォリオ」や、大学での学びを意識した課題研究などの
プログラムを採り入れた独自の高大一貫教育を標榜する新たな
福岡大学の附属高等学校として再出発をはかった。しかし、新た
な高校になったものの、入学者の低迷は続いていた。

　山口学長は就任後、以前教務部長として市立 4 高校との連携や、
九州女子高校の附属化に際して一貫教育の構築にかかわった商学
部の今野教授を高大連携担当の学長補佐に任命した。

　また、若葉高校の入学者増加と赤字解消を図るため、附属若葉
高等学校改革推進委員会を設置し、同校の改革について協議を始
めた。同委員会は男女共学化、コースの再編成、学則定員の見直
しの三つを改革案として学長に提案した。

　この改革案を推し進めるため学長は、平成 29 (2017) 年 4 月から

4 年間の任期で今野学長補佐を若葉高校長に任命した。同校では
「新教育ビジョン」を作成し、これを学内外に公表して改革を進
めた。

16.5　若葉高校移築計画

　大学執行部の懸案事項のひとつに、長年にわたり塩漬け状態と
なっている高宮校地の活用があった。
　高宮校地は県立城南高校の開校時に一時期同校が置かれたと
ころで、その後筑紫女学園短期大学が開設から 10 年間ほど利用
し、同短大の郊外移転にともない本学が取得したものである。
　昭和 5 1 (1976) 年、それまで平和台にあった商学部第二部をこ
の高宮校地に移転したが、平成 11 (1999) 年にこの商学部第二部
が七隈キャンパスに移転統合された後は、もっぱら課外活動のス
ポーツグラウンドとして使用していたに過ぎなかった。
　事業部に命じ銀行や不動産会社に当たらせるも、売却すれば財
務面では一時的に潤うがそれまでであり、マンション用地などと
して地代収入を得るとしても、魅力的な数字にはならなかった。
　そのような中で、附属となった若葉高校の校舎や施設は築 50 年
を超え、すでに老朽化しており、また現在の耐震基準も満たして
おらず、県からは対応を迫られていた。そのため新たな校舎建設
の必要性も浮上していた。
　現地での建て替えは、3 年間の高校生活に大きな影響を与える

ことになる。いっそ、高宮校地に新築・移転するのが良いのでは
ないか。執行部内で比較検討した結果、一部卒業生の反対はあっ
たが、高宮校地への移転・新築が相応であると判断し、移築計画
を進めた。

　この計画は理事会において承認されたものの、建設費が当初の
予定額を上回ることになったこともあり、後に理事会で否決され
ることになった。

　執行部としては、「平成 34 (2022) 年 4 月開校」を公表してい
たこともあり、地質調査や基本設計を進めていたが、このことが
問題視され、「自己若しくは第三者の利益を図る目的や福岡大学
に損害を与える目的で任務に背いたとは言えないが、執行部には、
相応の責任がある。」と特別委員会は結論付けた。残念ながら若
葉高校の移築計画は頓挫することになった。

16.6　謀而鮮過惠訓不倦

　浅見筧洞（1915－2006 大東文化大学教授、日展理事、謙慎書道
界理事長）の書が私の手元にあった。東京から後輩の桑原淳一が
私を訪ねてきて紙を広げ、書をみてほしいと言う。なんでも、知
人をとおして入ってきたもので、私か、あるいは私が無理なら大
学でも良いので受け取ってほしいと言う。表装もされていないし、
大学が受け入れるのもいかがなものかと考え、私個人が受け取る
ことにした。

　篆書体で書かれた浅見筧洞の字は、20 世紀を代表する書道家西川寧に師事しただけあって、実に堂々とした書である。書道部の後輩である尾崎光義が勤務する㈱平助筆復古堂（室町時代の創業、以来 500 年を超える）に表装を依頼した。

　完成した扁額は、縦 108 cm、横 196.5 cm の大作で、執務する事務局長室に飾った。このほか執務室には、偕楽園を訪れた際に手に入れた徳川斉昭公の茶説の拓本、書道部創立 50 周年の時に書心会が大学に寄贈した大原蒼龍氏揮毫の校歌（レプリカ）、そして私自身の拙ない書などを壁に掛け 4 年間を共に過ごした。

　上京して時間が取れた時、3 度ほどだが台東区の書道博物館を訪ねた。書家の中村不折が収集した多くの古美術品や考古出土などが展示されていて、王義之や顔真卿の書はもちろんのことだが、中でも石仏や瓦当、石経、墓誌などは特に興味を惹くし、よくもここまで集められたものと、感心するばかりであった。博物館の斜め向かいには、俳人正岡子規が晩年過ごした子規庵がある。

　平成 24 (2012) 年 9 月、芝浦工業大学で開催された大学行政管理学会の第 16 回総会・研究集会に上京した折には、東京国立博物館 140 周年と青山杉雨の生誕 100 年を記念した特別展『青山杉雨の眼と書』を鑑賞する機会に恵まれた。書はもちろんだが、収集した中国の書画や文房四宝のコレクションは圧巻そのものだ。青山も浅見同様、西川に師事した謙慎書道会の "七賢人"（西川寧、青山杉雨、上條信山、殿村藍田、浅見筧洞、成瀬映山、小林斗盦）のうちのひとりである。

執務室に掛けていた浅見筧洞の書は退職を機に大学に寄贈し、現在は若葉高校の玄関の壁面に威風凛然として掲げられている。

　高校では「謀而鮮過惠訓不倦」を生徒に分かるように「計画して間違うことが少なく、人に訓え（おし）を恵むことに飽（あ）きることがない」と釈文しているが、まさに高校の玄関にふさわしい書となった。

16.7　入学式観覧と「福西戦」

　本学の入学式は、5,000 人近くの入学生とそれを観覧席で目を凝らす御父母や、中にはお爺ちゃん、お婆ちゃんも来場され、式場は満杯となる。入職後 5 年間は、総務課でスタッフとして入学式と卒業式の運営に携わり、総務課長の 3 年間は、壇上で司会進行を務め、事務局長となってからは、ひな壇から自らが提案、演出した式の一切を見守ってきた。

　しかしながら、大学職員として採用されながら、本学の入学式や卒業式を一度も見ることなく定年を迎える職員も少なくはない。

　そこで、4 月 1 日の新任式と同日に挙行する入学式に、新採用事務職員のための観覧席を用意した。希望に燃えて入学式に臨む学生を見て、同じ日に大学職員となった新任職員は、その日何を思うだろうか。そう考えると私の胸は熱くなった。

　復活した伝統の福西戦、その応援合戦へ新入職員の参加を始めたのもしかりである。大学を支える新任職員たちが、本学をリードするようになるのは 10 年後、20 年後、あるいは 30 年後かもし

れない。だか、初心を忘れてはならない。そして初志は高くあら
ねばならない。「鉄は熱いうちに打て」との教えもある。

16.8　指定寮 "創立 50 周年"

　寮和会の高瀬英雄会長（当時）ほかの皆さんが私を訪ね、指定
寮が発足して 50 年になるので、祝賀会を計画している。ついては
祝賀会への出席と記念誌に掲載するための写真を大学（広報課）
にお借りできないか、との相談があった。もちろん、即座に快諾
し、協力する旨を伝えたものの、ん？何か引っかかった。

　「高瀬会長、はなはだ申し訳ないのですが、この祝賀会、本来、
本学が主催して然るべきお話ですよね。」

　「いいえ、決してそういうことでは・・・。寮和会の総意でぜ
ひ 50 年を祝いたいと思っているんです。改めて招待状はお持ち
しますが、ご出席方よろしくお願いいたします。」

　「ありがとうございます。喜んで出席させていただきます。本
末転倒ではありますが、全面的に協力させていただきますので、
何なりとおっしゃってください。」

　高瀬会長には、日ごろから指定寮を纏めていただき、女子寮火
災の折も多大な協力と支援をいただいている。50 周年を迎えるこ
とを学生課が何も知らなかった、では済まされない。そもそも指
定制度は、本学が全国に先駆けて作り上げた誇るべき制度なの
である。

本学は教育寮として「自修寮」、「体育寮」、「国際交流会館」の3つを運営しているが、それで十分というわけではなく、それを補うため、一定の条件を満たす民間経営の学生寮を「福岡大学指定寮」として選定し、遠方から進学してきた学生の利用に供している。自修寮の栄養士が作成するメニューに基づいて食材を共同購入するなど、寮主や寮生の経済的負担の軽減にもつとめてくれている。本学で長く学生部委員を務められた山口住夫名誉教授が運営されているFacebook「七隈・片江コミュニティ」には、学生や大学の活動だけでなく、各指定寮から朝夕の食事メニューが投稿されている。共同購入の同一食材でありながら、それぞれ調理や盛付けに工夫が凝らされている。本学にとって指定寮に学生の生活を委ねている意味は大きい。

　毎年度の新入寮生の募集と各寮への振り分けは学生課がおこなっており、互いに持ちつ持たれつの関係である。

　昭和40 (1965) 年の発足当時は全部で15寮380人であったが、昭和45 (1970) 年には59寮2,000人にまで拡大した。しかし、近年は寮主や寮母の高齢化、それに伴う経営承継の問題、さらには学生の生活スタイルの変化による入寮希望者の減少もあり、経営の継続が困難になってきているのが実情である。令和5 (2023) 年1月現在、大学指定の男子寮は10寮327人、女子寮が4寮135人となっている。

　このような状況にあって、学生課は寮和会の意向や要望に応えることができているだろうか。厄介者扱いはしていないか。上か

らの目線で管理・監督に動いてはいないか。私の心配は尽きなかった。大学として指定寮の存在意義を本当に理解しているのかは甚だ疑問であった。

　学生部在籍時、寮和会の皆さんの 1 泊 2 日の鹿児島旅行に自ら参加させていただいたのはそんな思いがあってのことでもあったが、大事な学生の生活を支援していただいていることへの感謝を表すことが第一の目的であった。寮和会の皆さんにお会いする度に「学生に問題がある時は、親御さんに代わって、遠慮なく叱ってください。」と、お願いしてきた。

　学生の成長機会は、いたるところに存在するが、なかでも毎日の学生生活の場である寮や下宿、そして彼らを支える寮主・寮母の存在が学生たちにとってことのほか大きなものであることを大学人は認識すべきであろう。

第17章　大学行政管理学会
― 全国区の活動 ―

＜47 歳～65 歳 ＞

（平成 14 年 4 月～令和 2 年 3 月）

17.1　九州初の当番校

　平成 14 (2002) 年度、総務課長就任の年に大学行政管理学会の会員となり、その年の 9 月 7 日～ 8 日、神奈川大学において開催された第 6 回定期総会・研究集会に初めて参加した。

　平成 17 (2005) 年 9 月に札幌大学でおこなわれた第 9 回総会・研究集会に参加していた景山事務局長から電話があった。

　「やって、ええんか？　やるんか？」

　「いやいや、局長はやりたいんでしょう？　やれってことでしょう？」

　「山村、あんたが、やるんよ。」

　「はい、分かりました。会場校を引き受けてください。」

　小原学会理事には、既に了解を取り付けての話であろうが、第 11 回総会・研究集会の当番校がこれで決まり、実行委員長のお鉢

は必然的に私に回ってきた。

　第 10 回は 10 周年を記念し、翌平成 18 (2006) 年 9 月 1 日〜3 日までの 3 日間、青山学院大学で開催された。閉会式では本学を代表し、九州・沖縄地区選出の理事である小原先輩が、次年度本学で開催〔平成 19 (2007) 年 9 月 8 日〜9 日〕する総会・研究集会への参加を『 PowerPoint 』でアピールした。

　当番校となった本学は、学会の慣例に倣い前年度開催校の青山学院大学山田明男氏ほか 2 名を本学に招待し、大会開催に関する諸事の教示をいただき、博多湾のクルーズ船遊覧で懇親を深めた。

　小原学会理事の指揮の下、九州初の開催に向け本学の学会員の手で精力的に準備を進めていった。全体テーマの設定は当番校がやるものだと考えていたら、それは、別途学会で決定していくとのことで、正直拍子抜けしてしまった。

　では、当番校として何をやるか。もちろんやることはたくさんあった。参加者把握と参加費および懇親会費の事前と当日の徴収、理事会、常務理事会の会場設定と理事会懇親会場の設定、研究発表の会場設定、懇親会場の設定とケータリングの打ち合わせ、地下鉄七隈線福大前駅から正門、受付、各会場への案内表示、手荷物預かりと福大グッズ販売、弁当と昼食会場の設定、ペットボトル等飲料水など、挙げれば切りがない。

　学会員を含む 80 人余りの職員は、研究発表への参加を含む研修として景山事務局長から休日出勤の承認をいただき、開催した 2 日間はフル稼働した。

17.2 基調講演者の選定

　全体テーマの設定は必要なくなったが、メインとなる講演者と
講演内容は当番校に委ねられていた。誰にするか。北海道から沖
縄まで、全国から 300 人を超える大学職員が聴講する。九州なら
ではの人物でなければならない。

　九州そして福岡の地、私が考えた候補者はふたり。ひとりは、
太宰府天満宮の宮司である西高辻信良氏。西高辻家は、天満宮の
宮司職を世襲している社家であり、信良氏は御祭神である菅原道
真公から数えて 39 代目に当たる菅公の末裔である。

　もうひとりは、九州国立博物館長の三輪嘉六氏である。平成 17
(2005) 年 10 月に開館した九州国立博物館は、東京・京都・奈良
に次いで実に 100 年ぶりに開設された 4 館目の国立博物館である。

　小原学会理事と相談、三輪氏を第一候補とし、景山事務局長の
承認を得た。平成 19 (2007) 年 8 月、講演を依頼すべく九州国立
博物館に三輪氏を訪ねた。小原学会理事が講演会の趣旨を説明す
ると、三輪館長からは、「従来の博物館のイメージを超えた取り
組みで、当初の予定をはるかに超え、4 か月後には 100 万人を突
破、平成 18 (2006) 年 3 月には 300 万人を突破したこと。文化財
の収集、保管、展示、調査研究および教育普及事業など、特色を
鮮明にした独自の取り組み事例を軸に、教育機関としての側面か
ら講演しましょう。」と快諾をいただいた。

　喜び勇んで、ふたりで車に乗り込み、エンジンをかけた途端、

カーラジオから興奮した実況アナウンサーの声が飛び込んできた。佐賀北高校の副島浩史が放った打球が、満員のレフトスタンドに吸い込まれた瞬間だった。「夏の甲子園」決勝、名門の広陵高校を対戦相手に、5 対 4 の「奇跡の逆転満塁ホームラン」をやってのけたのだ。こんなことがあるんだ。良いこと尽くめに、当番校を引き受けた総会・研究集会は間違いなく成功する。そんな確信がより強くなった。

─ コラム ⑭　奇跡の逆転満塁ホームラン ─

　「がばいばあちゃん」にも負けない「がばい旋風」を巻き起こした伝説のチーム佐賀北高校を優勝に導いた副島は、高校卒業後本学スポーツ科学部に進学し、奇しくも私の学生部在勤中、九州六大学野球リーグでベストナインを受賞するなど野球部で大活躍した。卒業後地元の銀行に就職したが、野球への情熱と「甲子園」への思いが消えず、その後教員として教鞭を執りながら「甲子園」の舞台を目指している。

17.3　総会・研究集会のプロデュース

　景山事務局長が乗り移ったかのように、「あれせい、これせい。」と本学の学会員に指示する私がいた。メイン会場で司会を担当す

る女性職員には目線から間の取り方まで、スクリーンに映し出す
カメラワークは壇上の下から登壇するまで追いかけるように、な
どなど。総会議長の選出時（予定者は既に決定済）に至っては、
今、決定したかのように、一文字一文字議長名を映し出し、臨場
感を求めた。

　全日程を終えたエンディングでは、2 日間の映像を流し、その
ラストには感謝と敬意を表すべく、参加者全員の名前をスクリー
ンにテロップするエンドロールをも要求したが、見事に応えてく
れた。

　これまでにないホスピタリティー・マインドで臨んだ九州で初
めての総会・研究集会は、本学スタッフの総力で見事に成功を収
めて終了した。300 人を超える参加者たちは、それぞれに期する
何かを携え、本学に別れを告げ本務校に帰って行った。

　立場が変わり、福岡大学から私とふたりの職員が日本大学に招
かれた。日本大学への当番校引継ぎのためである。大工原孝氏を
筆頭に辻本真由美氏らが加わり、熱心に事務引継ぎがおこなわれ
た。その夜の懇親会は、愉快で心のこもった手厚いおもてなしで
あった。以降、両氏とは親しく交誼する間柄でもある。

17.4　学会常務理事と九州・沖縄地区研究会

　平成 21 (2009) 年 9 月、1,300 人余りの学会員を擁する大学行政
管理学会で理事を務める小原先輩の後任に私が就任することに

なった。この時から九州・沖縄地区研究会において、学会の常務
理事を選出することになり、私は常務理事および九州・沖縄地区
研究会の代表世話人も務めることになった。地区研究会では、そ
れまで1年に3回の研究会を実施してきたが、年4回実施するこ
ととした。

　第6期会長を務められた福島一政氏からの強い要望もあり、沖
縄国際大学の上原靖教務課長（当時）の協力を得て、沖縄で初め
ての九州・沖縄地区研究会を開催することにした。平成22(2010)
年5月22日、福岡を中心に30人ほどの会員が沖縄国際大学での、
いわば「美ら海研究会」に空路集結した。

　当日は学会員の事例・研究発表のほか、第8期大島会長の基調
報告「現在の大学をめぐる環境の中で求められる職員像について」
と、福島氏ほかのSDプログラム検討委員会から「これからの大
学職員に求められる知識・能力とその開発プログラムの在り方や
SDに関わる外部団体との連携の在り方」を中心とした報告がお
こなわれた。

　また、隣接する普天間基地を沖縄国際大学構内から眺め、在日
米軍のヘリコプターが平成16(2004)年8月13日に墜落したキャ
ンパス内の現場を視察した。焼け焦げたアカギの木が事故の恐怖
を物語っている。学生はもとより大学関係者および民間人に負傷
者がいなかったのは不幸中の幸いである。

　終了後の情報交換会では、会場を大学近くの沖縄料理・居酒屋
「ぱいかじ」（南風の意）に移し、沖縄ならではの歓待を受け、

お開きには三線（さんしん）に合わせ皆して踊った。

「山村さん、見たぁ？」と西南学院大学の坂井啓氏。

「なんばね？」

「道路ん脇に書いてあったろうが。交通標語たい。」

「なんて書いとったとね？」

「『あせりは禁物、あさりは海産物』じなぁー、たまらんめーがー。」

「むちゃくちゃやねぇ。たまらんバイ。」

勉強尽くめの沖縄だった。

坂井氏同様、熊本学園大学の西直美氏（前事務局長）と長崎国際大学の松永雅弘氏（大学評価・IR 室室長ほか歴任）は、大学行政管理学会の九州・沖縄地区研究会の同志でもある。

平成 22 (2010) 年 12 月 11 日の西南学院大学で開催した地区研究会では、「リレー卓話」を開設した。私自ら、第 1 走者として「学生部の支援あれこれ」と題して、『PowerPoint』を利用し卓話をおこなった。

なお、時を経て令和 4 (2022) 年 12 月 17 日には、第 33 走者の久我秀一氏（現研究推進部事務部長）が襷を繋いだようで、翌年7 月 22 日に福岡大学で開催された地区研究会は 74 回を数えるに至った。

いろんなところで私が話す際は、『PowerPoint』のスライド制作のほとんどを"若手職員"のひとりであった一瀬信介氏（現教務一課長）に担ってもらった。彼には概略と大事な部分を伝えて

おけば、ほぼ完璧に仕事をこなしてくれるのでありがたい。本学で開催した第 11 回総会・研究集会の閉会式のエンドロールも、私の無理難題を受けて、彼が一夜にして作成してくれたものである。

　学会常務理事の 4 年間だけでも、結構な数の大学を訪問する機会を得た。金城大学で開催された平成 23 (2011) 年 9 月の第 15 回総会では、議長として会の進行を担当した。

17.5　学生支援の周辺業務から SD を考える

　平成 22 (2010) 年の夏が過ぎ去りつつあった頃であろうか。学会事務局の坂本智子氏から電話があり、「鹿児島のある大学から、学会の活動などについて聞きたいと言ってきてますが、いかがしましょうか。九州・沖縄地区でもあり、先ずは山村さんに・・・」といった内容だった。

　連絡をしてきたのは、とある大学の総務課長で、鹿児島まで来て、職員に大学行政管理学会のことを話してほしいとのことであった。第 8 期の大島英穂会長とふたりの副会長に、「どなたか行っていただける方はいますか?」と、その旨をメールで伝えた。いくらか経って、さらにメールで「皆さんのご都合が悪ければ、九州・沖縄地区の大学でもありますので、私が伺うこともやぶさかではありませんが・・・」と、伝えた途端、「どうぞ。どうぞ、どうぞ。」と返信が続いた。「やばいよ、やばいよ。」と思いつつも、先方に私が伺う旨を伝えた。職員研修の一部として、90 分

ほど用意したいとのことであった。

　平成 22 (2010) 年 12 月、依頼があった大学に出向き、「大学行政管理学会の概要と具体的な活動内容」と題して講演した。内容は、①学会の概要と具体的な活動内容、②九州・沖縄地区研究会の概要と具体的な活動内容、③学生支援の周辺業務から SD を考える、であった。熱意のあまり予定を超過し、100 分ほどのプレゼンテーションになった。

　以下は、この時「③学生支援の周辺業務から SD を考える」として私が話した内容の見出しである。

「学生支援の周辺業務から SD を考える」

◇「大学職員」に求められる資質と能力
・幅広い人間関係と広い視野をもった人材
・自ら考え、判断し、行動を起こすことができる人材
・周囲が仕事をやりやすい環境を作ることができる人材
・当事者意識や危機意識をもった人材
・組織中心に考えることができる人材
・仕事が好き、学生が好きな人材
・気遣いを持っている人材

◇「大学」における人材育成
・与えられた課題だけでなく、全体を考えて行動できる人材
・アイデアを出し続けることができる人材

・圧力に屈することなく、目的に向かって走破できる人材

・自分の利益を犠牲にし、組織に尽くすことができる人材

・周囲を変え、やる気を起こさせることができる人材

・強い正義感と倫理観を持っている人材

・「やりがい」を自ら探すことができる人材

・明確なビジョンを持っている人材

・リーダーとして進むべき方向を明示することができる人材

・部下や後輩が問題を解決できるよう、助けることができる
　人材

・柔軟かつ前向きな発想で新しい仕事を生み出すことができ
　る人材

・裏が無く、おもてなしができる人材

・何事にもバランス感覚を備えた人材

◇「大学」における SD の最終到達目標

・ステークホルダーと大学職員のポジショニングの理解と行
　動

・自大学の存在意義と社会貢献の理解と行動

・教職協働の理解と教員に頼らない責任ある業務の遂行

◇到達目標のための第 1 段階

・自大学の職員として仕事をすることに誇りと満足感を持た
　せる。

・体系化した研修制度を構築し、職員に目標を持たせて研修
に臨ませる。

◇到達目標のための第 2 段階
・リーダーシップの発揮で自信を付けさせる。
・成功を導いたことで誇りと満足感を持たせる。

◇到達目標のための第 3 段階
・教学あるいは経営を担うための覚悟と責任感の醸成
・権限委譲と教職協働体制の確立

　会場には法人本部から車で駆け付けた人もいて、懐疑的に私の
話を聞いている職員も少なからずいたようであった。
　結局のところ、新会員として学会の名簿に掲載されるこの大学
の人は終ぞなかった。熱心だった総務課長にストップが掛ったの
だろう。

17.6　東日本大震災

　平成 23 (2011) 年 3 月 11 日 14 時 46 分、私は水道橋の日本大学
経済学部の 13 階の会議室にいた。学会の常務理事会が 14 時 30 分
から始まり、大島会長の挨拶の最中、机や椅子がカラダごと大き
く揺れ動かされた。外を見れば、ビルが重なり合うように揺れて

いる。東日本大震災である。

　日本大学職員の誘導で階段を使って 1 階に降りると、館内のシャンデリアが大きく左右に揺れていた。立ったまま会議を終え、キャンセルできぬ懇親会を簡単に済ませ、お茶の水のホテルまで歩き、今度は 11 階の部屋まで階段を上らされた。

　翌朝、予定を取りやめて帰路に就いたが、交通機関は麻痺していた。地下鉄の不通区間では地上を歩いた。交通機関の乗り降りに際しても 1 歩進んでは止まり、止まってはわずかに 1 歩、といった具合で、羽田空港に着くまで 5 時間近くを要した。

　宿泊先が遠いメンバーは、パンや毛布を提供していた都内の大学に身を寄せ、仙台へ帰る友人らは山形経由でやっとの思いでたどり着いたとのこと。本学の東京事務所に勤務する女性職員は、松戸の自宅まで歩いて 5 時間を要したと言う。大学行政管理学会にかかわっていたばかりに、得難い体験をすることになった。

　なお、現在でも数年に 1 回は大島会長を中心に、第 8 期の常務理事会メンバー10 人ほどが全国から温泉地（奥湯河原・上山田・有馬など）に集っては旧交を温めており、コロナ渦により 4 年ぶりとなった令和 5 (2023) 年 6 月には、北海道の定山渓温泉で昔話に花を咲かせた。次回開催予定地となった沖縄での再会を誓い三々五々帰路に就いた。

　大学行政管理学会に席を置いたことで、第 8 期のメンバーを含め全国津々浦々とまではいかないまでも、多くの知友を得ることができたことは大きな財産となった。

17.7　学会創立 20 周年記念事業

　平成 28 (2016) 年 12 月 3 日には、学会創立 20 周年記念事業『大学行政管理学の深化と発展 ─高等教育の牽引を目指して─』の活動の一環として、本学で文部科学省後援のシンポジウム『我が国の高等教育のこれから』が開催され、112 名の参加があった。

　基調講演では、独立行政法人日本学術振興会理事長の安西祐一郎氏が「大学行政のゆくえ：高大接続改革・科研費改革・人工知能技術戦略会議を通して見ると」と題し講演をおこなった。

　パネルディスカッション「大学行政管理学の深化と発展：高等教育の牽引を目指して ─JUAM のこれまで、現在、そしてこれから─」では、学会において会長や常務理事を経験した実践女子学園理事長井原徹氏、追手門学院大学副学長福島一政氏および私の 3 人が登壇し、テーマに沿って考えるところをそれぞれ発題し、学会での活動と職務との関わりなどを中心に意見交換や質疑応答を行った。最後に今後の学会や会員参加者に対するエールをもって締めくくった。

┌─ **コラム ⑮　リーダーの役割** ──────────────┐

　リーダーの役割は組織を維持、発展させるために、組織としての
政策や目標、業務の優先順位等を決定、指示し、組織全体としての
調整を図りながら実施することであり、そのために「指導力」や「統
率力」といった「人間力」が重要視される。

　言い換えれば、前述の 11.1「学生のキャリアデザイン」で経済産
業省が求める「社会人基礎力」に集約される組織のメンバーのもつ
力を束ね、組織としての成果を実現するものと言える。

└───────────────────────────┘

<h2>第 18 章　退　職</h2>

— さようなら福岡大学 —

＜65 歳〜＞

（令和元年 12 月〜）

18.1　退職の時来たる

　令和元 (2019) 年 11 月 30 日、山口学長の任期満了・退任に伴い、私は福岡大学を退職した。福岡大学の学生として在学した 4 年間と職員として在職した 42 年 8 か月、計 46 年余りがあっという間に過ぎて行った。感無量とはこのことだ。

　つつがない日々を過ごすことを望めば、それも可能であっただろうが、そんな人生ほどつまらぬものはない。簡単でも無難でもなく、困難であっても挑戦せずにはいられない自身の成長に必要な環境が福岡大学にはあった。感謝である。

18.2　夢　枕

　退職して 3 年余り、何度目かの禁煙は 1 年が過ぎた。「何かや

ってるんですか？」と、聞かれれば、「クスリをちょっとね」と
笑わせ、「今も書いてるんですか？」と、問われれば、「んー、
時々。書いても、『御仏前』とかね」と駄洒落てみせる。

　コロナ禍で人と会うことさえ憚れる日々ではあるが、本書を書
き進めていると、友人や知人に加え、先輩や後輩らが頭の中を占
拠し、夢の中で辻褄が合わないまま土足で上がり込んで来るから
奇妙奇天烈だ。

　そんなせいであろう、たった今、起こされた今朝の夢は、3 組
もの後輩たちが次から次に執務室の私を訪ね、いろんな顔で、「せ
んぱい、せんぱーい」と、やたらと声がうるさい。ボタンを掛け
違え、今では音信不通の "あいつ" の笑顔もある。教師ではない
が先輩冥利に尽きるとはこのことだ。

18.3　落語とゴルフ

　退職後の何よりの楽しみは、小原先輩と 1 年に 2〜3 回出かけ
る落語会である。卒業生の桂梅団治や立川生志を贔屓にしている
が、志の輔の新作落語は、座布団 10 枚ではとても足りない。

　下手の横好きゴルフは、ホームコースを中心に、1 か月に 2〜3
回のラウンド。飛距離はさほど変わらないまでも、スコアが以前
ほど纏まらない。エージシュートは夢で終わっても、ホールイン
ワンはあり得ぬことではない。これまで二人の同伴者が目の前で
カップに入れていることからして、間違いなく私は何かを持って

ていると確信している。

　ジムに通い始めた。1週間に2〜3回といったところだろうか。カラダを鍛えていると言えば言えなくもないが、無理をする年齢はとうに過ぎた。軽い筋トレと1時間ほどランニングマシンに歩かされ、汗をかいても泳げないのでプールで30分ほど歩けば、至福のミストサウナとジャグジーバスが待っている。されど、膨らんだお腹に何ら変わりはない。信じてはもらえまいが、就職した頃はウエスト71cm、体重51kgのスリムなカラダだった。先輩方から、そんなことよりグラウンドに立て、とお叱りを受けそうだ。

18.4　ゆるり庭園散歩

　絵心はないが、書に親しんだこともあり、時折、大濠公園にある福岡市美術館に足を運んでは同公園の日本庭園などを訪れ、大好きな庭園散歩を楽しんでいる。在職時は水戸の偕楽園、金沢の兼六園、岡山の後楽園はもとより、浜離宮恩賜庭園をはじめ都内の庭園も巡った。仕事から我を解き放つ良きひとときであった。

　平成24 (2012) 年3月に訪れた渋谷区神宮前のワタリウム美術館では『重森三玲　北斗七星の庭展』を鑑賞、東福寺本坊の「北斗七星の庭」と「小市松の庭」の原寸模型に感動し、羽田までの時間を計りつつ、なかなかその場から離れられなかったことを思い出す。重森が九州で唯一作庭した太宰府天満宮近くの光明禅寺の枯山水庭園は、碧く苔むした石庭でとても風情がある。

　港区白金台の東京都庭園美術館では、山高帽をかぶりステッキを携えてベンチに腰かけているご老人を見かけたが、福博の街では間違ってもこのようなひとを目にすることはない。さすが世界の大都市東京である。

　庭園ではないが彫刻家イサム・ノグチが手掛けた札幌のモエレ沼公園には二度散策する機会を得た。200 円のレンタサイクルで園内を動き回ってもとても全部を観る余裕はなく、園内の 50m ほどのモエレ山は私に迷うことなく 5 ルートあるうちの一番きつい直線ルートを選択させた。ご褒美は札幌市内を 360° 見渡すことができる大パノラマだ。

　東京大学の附属施設である小石川植物園や北海道大学植物園を訪ねた。通称青葉山の丘陵地にある東北大学植物園にも分け入ったが、どこか福岡市の油山市民の森によく似ている。いつの日か、安来市の足立美術館を訪ね、横山大観の作品と日本一とも言われる庭園を鑑賞したいと考えている。

─ コラム ⑯ 大名屋敷 ─

　東京にある数多くの庭園や著名な施設・建築物は旧藩の江戸屋敷などの跡地である。

　私が訪ねたこともある小石川後楽園は水戸藩水戸徳川家、新宿御苑は長野の高遠藩内藤家、六義園は時代劇には欠かせない柳沢吉保の別邸であった。旧芝離宮恩賜庭園や浜離宮恩賜庭園は老中や将軍家の所領とのことであった。私は浜離宮から水上バスに乗り、お台場、両国、浅草と東京湾と隅田川を楽しんだ。

　ならば、大牟田の三池立花藩の江戸屋敷はどこにあったのか、気になり調べると、江東区亀戸とあるも庭園や屋敷跡のようなものはなさそうだ。

　ちなみに、福岡藩黒田家の上屋敷は霞が関の外務省辺りだったという。山村家の家訓「百聞は一見に如かず」を服用する私の興味は尽きない。

　驚くべきは、学会などで訪れた大学のキャンパスのいくつかも、本郷の東京大学は加賀100万石の前田家、三田の慶応義塾大学は島原藩、渋谷の青山学院大学は四国西条藩松平家、紀尾井町の上智大学は名古屋藩尾張徳川家ということであった。

　東京は言うまでもなく、各地に広大な敷地をもつ現在の大学が、未来の人々に旧大名屋敷のごとく映ることのないよう願うばかりである。

エピローグ
― 粗にして野だが ―

　私は考える。「沈黙は銀、雄弁こそ金。有言実行に勝るものはない」と。これまでの人生を振り返れば、"ふつう"を遠ざけ、"ふつう"であることに抗い、"こだわり"続けることに"こだわり"、時に豪語し、無謀と思われても無策ではなく、あらゆることに挑戦して来た。縦のモノを横にして、アレコレ考えるからこそ発見があり、アイデアが生まれ、やる気になって、やる気にさせて成果を出してきた。

　こんな私を作り上げ、支えてきたものは何か。それは、幼い頃のちょっとした優越感や、中高時代に培った発想力、そして、ほんのささやかなことであっても、若いころから、そして入職してからも積み重ねてきた成功体験があったからである。もちろん入職後は、私の意を理解し、共に働き支えていただいた多くの職員の皆さんや、少なからざる教員の方々の存在があったことを忘れるわけにはいかない。

教育・研究・医療などを通して社会に貢献する使命をもつ大学。その遂行にあたって教職協働の必要性と重要性が語られてきた。これは、多くの大学において必ずしもそれがうまく機能していないことを示唆しているが、そこに我々職員が今後担うべき役割があると言えよう。

　学校法人に勤務する職員の主たる業務は、この法人の使命を達成するため大学、附属学校、病院および法人の運営を担い、最も重要なステークホルダーである学生・生徒・患者の皆さんを支援しその期待に応えることにある。

　一方、教員の本来の業務は、教育や医療、そしてそれらを支える研究活動であり、法人経営は主たる仕事ではない。大学院修了後、将来の大学あるいは学校法人の経営者となることを目指して入職する教員はおそらく稀有であろう。

　本学の場合、学部教授会の選挙で各学部長は選出されるが、学部長は同時に法人全体の経営に責任をもつ理事となる。自分の学部や関連する研究分野について熟知している人材に違いないが、法人の理事としての観点から選出されているのだろうか。自学部の利益代表として、あるいは反執行部勢力としての存在になってはいないだろうか。

　とはいえ、大学の使命である教育・研究・医療などの法人経営を考える時、教員の専門的知見が絶対に不可欠である。だからこそ、大学運営には教職協働が必要なのである。これまで以上に、職員からの積極的働きかけによって強固な教職協働の構築に努め

なければならないと考える。

　本学では職員の学内理事は事務局長ただひとりである。この現実は、「教学主導」の名のもとでおこなわれてきたこれまでの本学の姿を示したものと言えるが、教職協働の観点からは、この姿は当然変わるべきものであろう。

　大学を評価する時に「大学力」という言葉が使われる。その「大学力」は「職員力」によって支えられているとも言える。したがって「職員力」如何が大学の評価に大きく影響するということができる。職員一人ひとりがそのことを自覚して行動しなければならない。職員自身が成長しなければ、大学は成長機会を失うだけでなく、現状を維持することさえ不可能になるだろう。私は事あるごとに部長会で、「職員が成長し、賢くならなければ、大学は成長しないし、学生も賢くなれない。」と言ってきた。

　では、大学職員が成長するためには何が必要だろうか。学生を社会に送り出す重要な役割を担う大学職員には、学生への深い愛情と確かな指導力に加え、何事にも主体的に立ち向かう「高い志」と「強い責任感」そして「気概を持った使命感」が必要であろう。同時に職員個々人の意識改革に頼るだけではなく、個人の努力を後押しするために、職員が職員を育てる風土と環境を組織として整え、「職員力」の向上を図ることが望まれる。

　一般に職員は勤務経験を積むことによってその職位は上昇して

いく。しかし、その目的は"偉くなること"ではない。より責任ある立場になることによって、成すべきことを成すためであってほしい。

　職位が上位になればなるほど、自らの考えや判断で、ヒトやモノをより速やかに動かすことが可能になる。それによりコト（仕事）を思うように進めることができるのである。考えてみれば、これほど楽しいことはない。組織が大きければ大きいほど、人が多ければ多いほど、責任は重くのしかかるが、達成した時の満足度は高くなる。仕事が職員を成長させ、おのずと人間力も向上するのである。

　大学職員として我々のステークホルダーと仕事を愛し、強い正義感と使命感、そして高い倫理観と志を携えて情熱をもって日々職務にあたる。これこそが職員としてのよろこびではないか。職員としての職位上昇はそのよろこびのためでなければならない。

　職員採用試験で志願者から「恩返しをしたい。」「縁の下の力持ちになりたい。」という志望動機をよく聞く。謙虚な姿勢でステークホルダーを支えるとの意思表示であることは分かるが、強い主体性がなければ往々にして指示待ち職員となる。大学行政管理学会の研究会や異業種交流などに積極的に参加するなど、早い時期から研鑽を積むことが望まれる。

　自分自身のため、それもあるかもしれないが、自分が所属する大学の多くの学生のため、そして大学自体のために、自分の職務

を組織中心に考え「やってやる。やれるのは自分しかいない。」といった気概を持って勤務することができれば、大学職員という生き方を選んだことに誇りを持つことができるだろう。

　幅広い視野と人間関係を構築すること、これは、大学においては真の教職協働を実現するために職員自身が教職員間のコミュニケーションの確立に努め、それによって自分自身の役割を認識することであると考える。教員に頼らない教学支援や法人経営を担う職員の職務とその責任能力は、これによって醸成されるものであると確信している。

　本書を単なるひとりの大学職員の武勇伝としてではなく、高等教育を支える大学職員の皆さんへの応援メッセージとして受け取っていただければこの上なく幸せである。

　座右の銘「粗にして野だが卑ではない」を信念として、確固たる「大学職員人生」を貫いた自身に、誇りはあっても悔いはない。

謝　辞

　まず、ひとことのことわりもなく、本文中に氏名を掲載させて
いただいた方々に、謹んでお詫びを申し上げます。さらに、本来
であれば、長年にわたってご指導いただき、お世話になった多く
の上司や先輩方の氏名を記してお礼を申しあげるべきことは
重々承知いたしております。ご寛恕のほどを伏してお願い申し上
げる次第でございます。

　本書を執筆した目的から、ここでは私を直接支えてくださった
多くの職員の皆様を代表する方々として、当時の役職者に限って
以下に氏名を記させていただき謝意を表します。

教務二課長在任時	山口昭典氏、井手俊輔氏
総務課長在任時	小島譲二氏、井手俊輔氏、鳥居明氏
教務部事務部長在任時	金子忠実氏、四俣理夫氏
商学部事務室長在任時（兼務）	吉武行寛氏
就職•進路支援センター 事務部長在任時	立花時弘氏
学生部事務部長在任時	上村憲治氏、篠崎博氏
大学院担当事務部長在任時	安部清秀氏、志渡澤登氏、保利卓哉氏
事業部担当理事在任時	森美智雄氏、服巻圭亮氏
事務局長在任時	上村憲治氏、山田祐二氏、菊地光男氏ほか 部長会構成員各位

　また、本書執筆にあたり、私の記憶復元作業に協力いただいた
これからの福岡大学を担う野田堅三氏、一瀬信介氏、小川賢樹氏、
および書道部の後輩でもある山本健朗氏に感謝と鼓舞激励を送
ります。

　最後になりましたが、私に本書執筆の機会をお与えくださり、
発刊に関し終始懇切丁寧にご指導、ご助言をいただいたウニベル
シタス研究所長の大工原孝氏に心から御礼を申し上げます。

著者紹介

山 村 昌 次

ウニベルシタス研究所　上席研究員

略歴

昭和 52 (1977) 年 3 月	福岡大学経済学部卒業
昭和 52 (1977) 年 4 月	福岡大学奉職
	総務課、会計課、教務三課、教務二課長、教務調整課長、
	総務課長を経て、教務部次長、教務部事務部長、
	就職・進路支援センター事務部長、学生部事務部長、
	大学院担当事務部長を歴任。
平成 28 (2016) 年 12 月	学校法人福岡大学　常務理事・事務局長
令和元 (2019) 年 11 月	学校法人福岡大学　退職。

主な学外活動

平成 20 (2008) 年 4 月	福岡県インターンシップ推進協議会　幹事
平成 21 (2009) 年 4 月	全国私立大学就職指導研究会　副会長
平成 21 (2009) 年 9 月	大学行政管理学会　常務理事
平成 21 (2009) 年 9 月	大学行政管理学会　九州・沖縄地区研究会　代表世話人
平成 25 (2013) 年 4 月	大学基準協会　大学評価委員会・評価分科委員会委員
平成 29 (2017) 年 7 月	九州経済フォーラム　理事
令和 4 (2022) 年 11 月	ウニベルシタス研究所 上席研究員

ウニベルシタス研究所叢書

粗にして野だが ― 大学職員奮闘記 ―

2023 年 10 月 16 日　第 1 刷　発行

発行所：合同会社飛翔舎 https://www.hishosha.com
　　　　住所：東京都杉並区荻窪三丁目 16 番 16 号
　　　　TEL　：03-5930-7211　FAX：03-6240-1457　E-mail : info@hishosha.com

編集協力：小林信雄、吉本由紀子
組版：小林忍
印刷製本：株式会社シナノパブリッシングプレス

ウニベルシタス研究所叢書　　飛翔舎

日本の大学教育をよりよきものにしようと奮闘する教職員への応援歌

<好評既刊>

大学をいかに経営するか　　　　　村上雅人　　税込 1650 円

学長として大学改革を主導した著者が大学経営の基本は教育と研究による人材育成の高度化であることを記した書

プロフェッショナル職員への道しるべ
─事務組織・人事・総務からみえる大学の現在・過去・未来─

　　　　　　　　　　　　　　　　　　　大工原孝　　税込 1650 円

ウニベルシタス研究所長であり、大学行政管理学会元会長が混迷の時代に大学職員が進むべき道を指南

<最新刊>

粗にして野だが ─大学職員奮闘記─　　山村昌次　　税込 1650 円

永年、母校の大学職員として強い使命感と責任感のもと職務に当たった著者が、学生への深い愛情と確かな指導力の大切さを説く

<続刊>

教職協働はなぜ必要か　　　　　　　吉川倫子　　税込 1650 円

大学改革を教員との協働で成し遂げた著者が、教職協働の意義と重要性を説いている。多くの大学人にとって参考となる書